W0177986

Jean-Louis Etienne wurde 1946 im südfranzösischen Dorf Vielmur-sur-Agout geboren. Er studierte Medizin, und Ernährungswissenschaften.

Als Arzt und Ausstatter nahm er an verschiedenen Expeditionen teil, u. a. im Fitz-Roy-Gebiet in Patagonien und im Himalaya, segelte einmal um die Welt und entlang der grönländischen Küste und fuhr die Rallye Paris-Dakar. Sein Alleingang zum Nordpol im Jahr 1986 wurde der größte Erfolg seiner Expeditionslaufbahn.

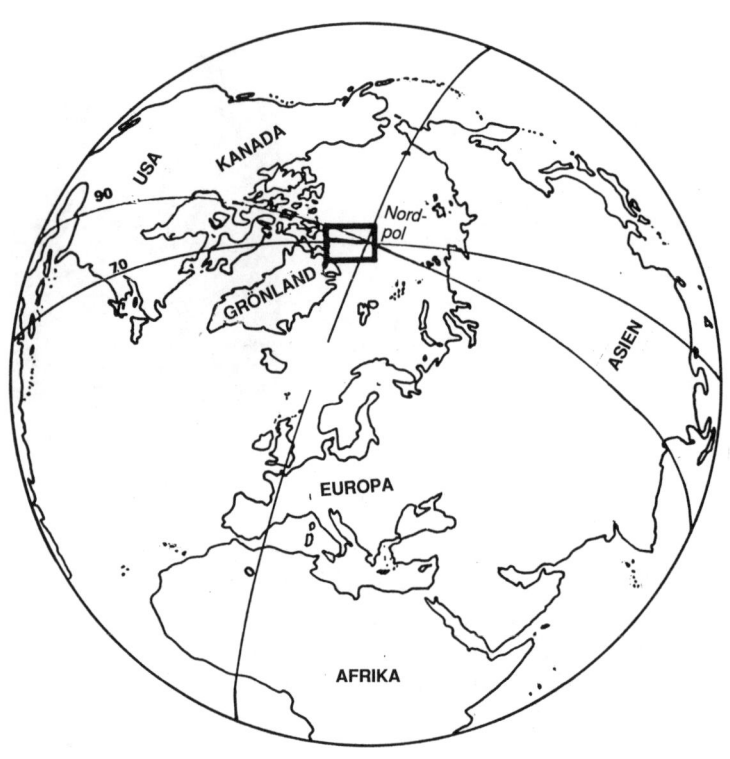

Jean-Louis Etienne

Faszination Arktis

Ein-Mann-Expedition durch die Eiswüste

Aus dem Französischen von
Daniela Schetar

Frederking & Thaler

CIP-Titelaufnahme der Deutschen Bibliothek

Etienne, Jean-Louis:
Faszination Arktis : Ein-Mann-Expedition durch die Eiswüste /
Jean-Louis Etienne. – München : Frederking u. Thaler, 1990
  (Reisen, Menschen, Abenteuer : Arktis)
  ISBN 3-89405-056-X

REISEN • MENSCHEN • ABENTEUER

herausgegeben von Monika Thaler
© 1990 Frederking & Thaler GmbH, München
Alle Rechte vorbehalten
Originaltitel: Le Marcheur du Pôle
© by Edition Robert Laffont, S. A., Paris, 1986
Aus dem Französischen von Daniela Schetar
Redaktion: Annegret Meyer
Titelfoto: Jean-Louis Etienne
Fotos: Bernard Prud 'Homme / Jean-Louis Etienne
Gesamtherstellung: Presse-Druck Augsburg
ISBN: 3-89405-056-X

Inhalt

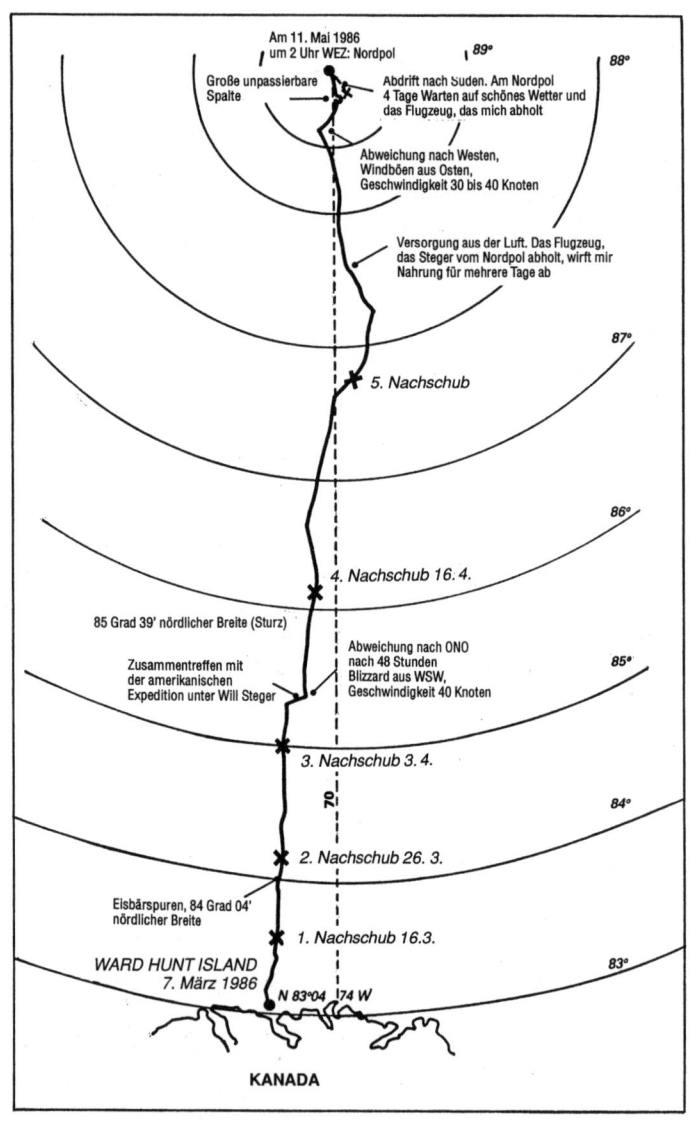

Am 11. Mai 1986
um 2 Uhr WEZ: Nordpol

89°

88°

Große unpassierbare
Spalte

Abdrift nach Süden. Am Nordpol
4 Tage Warten auf schönes Wetter und
das Flugzeug, das mich abholt

Abweichung nach Westen,
Windböen aus Osten,
Geschwindigkeit 30 bis 40 Knoten

Versorgung aus der Luft. Das Flugzeug,
das Steger vom Nordpol abholt, wirft mir
Nahrung für mehrere Tage ab

87°

5. Nachschub

86°

4. Nachschub 16. 4.

85 Grad 39' nördlicher Breite (Sturz)

Abweichung nach ONO
nach 48 Stunden
Blizzard aus WSW,
Geschwindigkeit 40 Knoten

85°

Zusammentreffen mit
der amerikanischen
Expedition unter Will Steger

3. Nachschub 3. 4.

70

84°

2. Nachschub 26. 3.

Eisbärspuren, 84 Grad 04'
nördlicher Breite

1. Nachschub 16.3.

WARD HUNT ISLAND
7. März 1986

83°

N 83°04 174 W

KANADA

Das unüberwindbare Eischaos

Der Tag bricht an. Die weiße Unendlichkeit vor mir wird in ein diesiges Sonnenlicht getaucht, das kurze, unheimliche Schatten zeichnet. Hier, in der Eislandschaft am Pol, sind es jetzt 47 Grad unter Null. Für die ersten 20 Meter auf dem Packeis brauche ich zehn endlos scheinende Minuten. Das Eischaos übertrifft meine schlimmsten Befürchtungen. Ich marschiere durch ein Labyrinth, das gespickt ist mit scharfkantigen Eisblöcken. Dieses unbegreifliche Durcheinander kann sich nur ein Teufel ausgedacht haben. Manch ein Eisfelsen erreicht eine Höhe von fünf Metern. Oder sind es zehn? Mein Einschätzungsvermögen läßt nach, und schon beginne ich auch zu zweifeln, ob meine Marschrichtung stimmt, ob ich mich nach Süden, Norden, rechts oder links, nach Osten oder Westen bewege. Kälte und Einsamkeit lasten auf mir wie Blei. Am ersten Tag meiner Nordpol-Expedition bleibt mir nichts erspart.

Ein hoher, gut zugänglicher Eisblock wird sichtbar. Sofort öffne ich den Gurt an meiner Taille. Dort sind die zwei Leinen befestigt, an denen der Schlitten hängt. Ein herrliches Gefühl, wenigstens einen Moment lang nicht diese 50 Kilogramm schwere Last ziehen zu müssen. Ich gönne mir jedoch nur eine kurze Pause. Bei diesen Temperaturen muß man sich immerfort zur Anstrengung zwingen, um nichts zu riskieren.

Tastend erklimme ich den Eisblock, jeden Griff mit meinem Skistock prüfend. Das Zeitlupentempo meiner Bewegungen macht mich fast verrückt. Der Nordpol liegt noch 800 Kilometer von hier entfernt! Nachdem ich ungefähr 30 Meter geschafft habe, lähmt mich die Vorstellung, ich hätte die Marschrichtung verfehlt, und das ganze Unternehmen sei sowieso zum Scheitern verurteilt. Als ich auf der Spitze des Eisblocks stehe, hebe ich verzagt den Kopf, um meine Position zu bestimmen. Die Sonne steht hinter mir, also bin ich auf dem richtigen Kurs!

Aber vor mir, auf dem direkten Weg zum Pol, geht der Horrortrip weiter, dort wird das Labyrinth zum Alptraum. Das Packeis sieht aus, als sei es von einem gigantischen Sturm aufgerissen worden. Jetzt liegt es in einer fast tödlichen Ruhe da. Jede Woge, jede Schaumkrone, jeder Wellenkamm ist auf ewig erstarrt. Vor mir liegt ein Friedhof weißer Wellen, die unter dem Druck des Frostes zerbrochen und zerborsten sind und danach von den Attacken eines gewaltigen Blizzards gespalten und zerrissen wurden. Seine Spuren sind noch immer zu sehen. Sicherlich hat er vor nicht allzu langer Zeit hier gewütet.

Müde steige ich hinab. Ein Jahr ist es her, daß ich zum ersten Mal den Nordpol erreichen wollte – ein schwerer Sturz nach 16tägiger Wanderung machte meinen Plan zunichte. Ich mußte aufgeben. Damals habe ich dieses Gebiet nicht durchquert, denn das Flugzeug hatte mich 30 Kilometer hinter dem „Ice Shelf" abgesetzt. Dieses Eisriff wurde einst durch den extremen Druck beim Zusammenprall von Packeismassen mit dem nördlichen Teil des amerikanischen Kontinents gebildet. Jetzt muß ich es also durchqueren, und ich will mich der Herausforderung stellen, denn ich habe noch die Bemerkungen eines britischen Expeditionsteilnehmers im Ohr. Auf Ward Hunt Island – eine kleine, verlorene Insel im Eismeer, Ausgangspunkt jeder Polarexpedition – hatten mir die Briten vor ein paar Stunden unmißverständlich klargemacht, daß sie die strikte Einhaltung der Spielregeln genau überwachen würden.

Keine Frage, sie glaubten, der kleine Franzose mit seinem komischen Schlitten würde beim Start mogeln... Während ich meine Skier wieder anschnalle und die Ziehgurte anlege, wächst meine Wut. Die Briten haben sich aufgeführt, als ob sie die Herren dieses Stückchens Erde und daher die Richter über mein Abenteuer seien. Mit welchem Recht?

Der Gedanke daran macht mich wütend, so wütend, daß ich mein Gejammere vergesse. Kraftvoll stoße ich die Stöcke ins Eis, mit einem Ruck befreie ich den Schlitten, der sich an einem kleinen Eisblock verfangen hatte, und marschiere los. Immer weiter!

Es geht vorwärts, dort hinten ist der Ausgang aus dem Labyrinth, vor dir liegt der Pol. Jeder Meter weiter nordwärts bringt dich deinem Ziel näher!

Wie in Trance bewege ich mich durch die öde arktische Landschaft. Ich bewältige einen wahnsinnigen Hindernislauf, in dem jedes Gefühl für Zeit und Entfernung schwindet. Ich lebe nur, um den Schlitten zu ziehen, um die immer

Riesige Eisblöcke versperren den Weg

neuen, oft tückischen Hindernisse zu überwinden, während die untergehende Sonne lange, rötliche Schatten aufs Eis zeichnet. Schließlich stelle ich mein kleines Zelt im Windschutz eines majestätischen Eisfelsens auf, der wie eine Kristallmauer glitzert. Es sind 45 Grad unter Null. Ich bin total erschöpft.

Ich hole mein Positions-Sendegerät heraus, ein kleines elektronisches Wunder, das zwei Kilogramm wiegt und in Toulouse speziell für meine Expedition entwickelt worden ist. Wenn man einen Schalter nach vorn kippt, sendet das Gerät ein Signal, das von Satelliten aufgefangen und an einen Computer in Frankreich weitergeschickt wird. Dort bestimmt man meine exakte Position. Diese wird nach Resolute Bay weitergeleitet, an den Ort im Norden Kanadas, der 800 Kilometer von meinem derzeitigen Standort entfernt ist und wo meine technischen Assistenten Quartier gemacht haben. Wenn ich den gleichen Hebel nach hinten schiebe, sende ich auf einer anderen Frequenz, die in Frankreich, Kanada, in den USA und sogar in der UdSSR empfangen werden kann. Geplant ist, daß ich heute abend auf dieser Frequenz sende, um das Gerät zu testen. Meine Finger sind schwer vor Müdigkeit und Kälte, beinahe automatisch führe ich die Handgriffe aus.

Plötzlich fällt mir die Warnung eines Wissenschaftlers ein: „Wenn Sie die Frequenzen wechseln, dürfen Sie auf keinen Fall vergessen, den Hebel in der Mitte kurz anzuhalten, sonst gibt es einen Kurzschluß." Zu spät! Schon habe ich den Hebel bis zum Anschlag gedrückt, und es gibt keine Möglichkeit, den Fehler rückgängig zu machen. Das darf doch nicht wahr sein! Wahrscheinlich habe ich mein Sendegerät ruiniert!

*

Über meine Funkanlage erreiche ich einige Zeit später meine Assistenten Michel Franco und Judy Shrewsbury in Resolute Bay. Sie wohnen in den Unterkünften der „High Arctic International Explorer Services". Dieses Quartier, das Pol-Fanatiker aus aller Welt aufsuchen, wird von einem indisch-englischen Ehepaar gemanagt, das dort eine angenehme und herzliche Atmosphäre geschaffen hat.

Michel Franco ist mein Vertrauensmann im Basiscamp. Als Spezialist für Sahara-Durchquerungen und Mitglied einer Segelexpedition in der Antarktis hat er sich in Extremsituationen bewährt und ist ein idealer Gefährte bei diesem Unternehmen. Judy Shrewsbury, eine hübsche, lebhafte Person, ist eine alte Freundin aus England, die seit zehn Jahren in Paris lebt. Als wir uns zwei Wochen lang vor meinem Start in Resolute Bay auf das Pol-Abenteuer vorbereiteten, hat sie ihre Talente als Kostümbildnerin dazu verwendet, meine Kleidung und den Schlafsack mit Waschleder auszufüttern. Ein wunderbares Material, das alle Polarforscher benützen sollten!

Ich melde den beiden, daß ich höchstwahrscheinlich mein Positions-Sendegerät zerstört habe. Wir vereinbaren einen weiteren Funkkontakt für den nächsten Morgen. Bedrückt vor Unsicherheit und voller Sorge schlafe ich sehr unruhig. Kurz nach dem Aufwachen erreicht mich die schlimme Nachricht über Funk: „Dein Sendegerät funktioniert nicht, ich wiederhole, dein Sendegerät funktioniert nicht mehr."

Tiefe Enttäuschung macht sich in mir breit. Ich verfluche alle Umschalter und meine eigene Dummheit. Gestern bin ich acht Stunden ohne Unterbrechung marschiert, eine beachtliche Tagesleistung. Nun ist dieser Tag vertan, denn ich muß umkehren und genau dieselbe Hölle in umgekehrter Richtung durchqueren. Das Gerät muß repariert werden.

Daran ist nichts zu ändern, denn ohne Sender weiterzugehen käme einem Selbstmordversuch gleich.

Ich verlasse das Zelt, um die Temperatur zu messen: Es sind 50 Grad unter Null. Angenehmere Bedingungen kann man sich am Morgen wahrlich kaum wünschen! Meine Kleidung ist innen noch nicht trocken, und es gelingt mir nicht einmal, das Eis, das sich dort bereits gebildet hat, auszubürsten. Ich bin also naß und teilweise vereist und werde das bis zu meiner Rückkehr in Ward Hunt Island auch bleiben, falls ich bis dahin nicht schon erstarrt bin – man weiß ja nie. Mein Galgenhumor kämpft gegen das bittere Gefühl des Versagens, das sich nicht vertreiben läßt.

Der Horrortrip beginnt von neuem, diesmal jedoch in südliche Richtung. Nachdem ich die ersten Eisblöcke erklommen habe, bin ich von oben bis unten mit Eis bedeckt. Es ist schrecklich kalt. Vielleicht empfinde ich das auch nur intensiver als auf dem Hinweg, weil mir jetzt der innere Antrieb, die Begeisterung fehlt. Gestern waren es außerdem „nur" 46 Grad unter Null. Die Kälte droht mich zu zermalmen. Was für ein Irrsinn! Mir kommt in den Sinn, wie nichtig dieses Vorhaben doch ist, welch ein Hochmut ihm innewohnt. Dieser Hochmut hat gerade eine saftige Ohrfeige bekommen.

Es ist schon Nacht, als ich in Ward Hunt Island eintreffe. Ein Teilnehmer der britischen Expedition entdeckt mich draußen vorm Zelt, das er gerade verlassen hatte. Es hat den Anschein, als ob er bei meinem Anblick zusammenzuckt. Im Zwielicht des Mondes sehe ich mit der Eisschicht auf dem Anzug sicherlich aus wie ein Gespenst oder womöglich wie ein Bär. Ich beruhige ihn und erkläre ihm, daß mein Positions-Sendegerät defekt und ich deswegen zurückgekehrt sei. Im Camp weiß man allerdings schon Bescheid, da sie über Funk informiert wurden.

Nachdem sie mich vergeblich gesucht hatten, sind sie wieder in das warme, schützende Zelt gegangen, in das sie mich jetzt einladen. Welch ein wunderbares Gefühl – ich hatte schon fast vergessen, was Wärme ist.

Obwohl mich Sir Ranulph Fiennes, der Leiter der Expedition, herzlich empfängt, herrscht den ganzen Abend eine eigentümliche Stimmung. Seine drei Gefährten sind sehr freundlich, trotzdem fühle ich mich wie ein fünftes Rad am Wagen. Ich bin sehr hungrig, habe aber keinen Mut, sie um Essen zu bitten, da ich nicht einschätzen kann, wie gut sie ausgerüstet sind. Die Versorgung per Flugzeug ist teuer und schwierig.

Möglichst unauffällig versuche ich, meine Kleidung an ihrer Heizung zu trocknen. Der Defekt am Sendegerät ärgert mich, weil ich nun auf Hilfe aus Resolute Bay warten muß und wertvolle Zeit vergeht. Je später ich aufbreche, desto größer sind die Risiken, weil das Packeis anfängt, sich mit Einsetzen des Tauwetters zu verschieben. Dabei öffnen sich unüberwindbare Meeresarme, die mir den Rückweg endgültig abschneiden könnten.

Ich bin sehr angespannt, und das erleichtert meinen Kontakt zu den Engländern nicht gerade. Nur mit Mühe kann ich die Enttäuschung über meinen Fehlstart überspielen und schaffe es daher nicht, mich auf ein Gespräch zu konzentrieren. Der Funker der Gruppe möchte sich mein Sendegerät ansehen. Er ist der Typ des „professionellen Funkamateurs", ein wahres Bastelgenie, und begleitet seit Jahren solche Expeditionen. Er öffnet den Deckel, wirft einen Blick hinein und lacht.

Lakonisch sagt er: „Es ist nichts Ernstes, eine Sicherung muß ausgewechselt werden. Ich mache es, aber Sie müssen mir eine Bestätigung unterschreiben, daß Sie mich von der Verantwortung für eventuelle Folgen dieser Reparatur entbinden." Ich bin so froh und überrascht, daß ich alles unterschreiben würde!

Etwas später gehe ich hinüber in mein Zelt, weil bei den Briten kein zusätzlicher Schlafplatz vorhanden ist. Zu spät bemerke ich, daß ich meine Stirnlampe und den Kocher dort gelassen habe, möchte sie aber nicht in ihrer Nachtruhe stören. Folglich habe ich kein Licht und keinen Kocher, um heißes Wasser für die Wärmflasche zu machen.

Meine Ängstlichkeit, vermischt mit Höflichkeit, sagt wohl genug über die eigenartigen Beziehungen zwischen Menschen, die in der unendlichen Weite des Polarkreises bei 50 Grad minus aufeinandertreffen. Unter solchen Bedingungen ist gegenseitige Rücksichtnahme sehr, sehr wichtig. Hier draußen reagiert man äußerst sensibel auf Annäherungen, auf die Art der Begrüßung, und die Sorge um die Intimität unserer Zelte, unseres Heims mitten im Nirgendwo, ist extrem. Das klingt vielleicht lächerlich, aber so ist es nun mal.

Zerschlagen wache ich am nächsten Morgen gegen sechs Uhr auf. Die Nacht war schrecklich. Zusammengekrümmt vor Kälte bin ich unzählige Male aufgeschreckt. Nach einem Blick auf das empfindliche elektronische Thermometer der Engländer, mit dem sie ihre wissenschaftlichen Messungen vornehmen, verstehe ich auch, warum. Es zeigt minus 52 Grad, die niedrigste Temperatur, die ich während meiner ganzen Reise gemessen habe. Mein eigenes Thermometer hat den Dienst quittiert, seine Skala geht nur bis minus 50 Grad. Die Kälte ist überall, an der Haut, in meinen Muskeln, sogar in den Knochen. Ich spüre meinen Körper nicht mehr, er hat sich in eine kalte Hülle verwandelt, die in tiefer Betäubung verharrt. Ich stampfe mit etwas, das früher wohl mein Fuß war, mehrmals auf den Boden, bis ich sicher bin, tatsächlich aufgetreten zu haben. Erst dann mache ich den nächsten Schritt. Glücklicherweise ist das Zelt der Engländer ganz in der Nähe, und drinnen ist es warm. Ich lege mich – welch ein Luxus – auf eines ihrer Betten und schlafe ein.

Als ich aufwache, begegnen sie mir mit großer Aufmerksamkeit. „Du trinkst doch sicher Kaffee, willst du auch einen Keks?" Ich nehme dankend an. Trotzdem, ich darf mich nicht aufhalten lassen, ich habe schon genug Zeit verloren, zwei ganze Tage sind vergeudet. Fünf Minuten später fangen sie wieder an. „Komm, trink noch einen heißen Kaffee, iß ein paar Kekse, das tut dir gut." Ich nehme wieder an, es ist so angenehm, ich könnte mich in diese verlockende Schläfrigkeit hineinfallen lassen. . .

Zehn Minuten vergehen. Wieder bieten sie Kaffee und Kekse an. Ich versuche zu reagieren, aber immer noch bin ich seelisch und körperlich angeschlagen. Ich sage mir, reiß dich zusammen, du verlierst wertvolle Stunden…, es hilft nichts. Ich trinke, esse, warte… Ich fühle mich plötzlich feige und schlapp. Das Leben draußen ist hart, zu hart. Aber beim fünften, sechsten, siebten Kaffee, beim zehnten Keks bekomme ich endlich genug von dem ewigen Frühstück. Abrupt stehe ich auf. Ich habe mich entschieden, ich breche auf. Es ist Sonntag, der 9. März 1986, 9 Uhr morgens: der exakte Zeitpunkt meines tatsächlichen Aufbruchs zum Nordpol.

Überraschend schenkt mir Ranulph Fiennes einen Liter Benzin für meinen Kocher und Lebensmittel für zwei Tage. Damit möchte er mir sicherlich das ersetzen, was ich in den vergangenen zwei Tagen vergeudet habe. Ich gehe 100 Meter, 200 Meter, 300, Fiennes und seine Kameraden bleiben an meiner Seite, während ich mich auf das Packeis zu bewege. Schließlich halten sie an, verabschieden sich. Die Welt der

Menschen ist hier zu Ende.

Vor mir liegt die Welt des Eises. Es war höchste Zeit. Ich versuche, fröhlich, ruhig und gelassen zu bleiben. Schließlich ist das doch nichts Dramatisches, einfach ein Marsch zum Nordpol, eines der vielen interessanten Abenteuer im Leben. Ich spiele Theater: Schau, du ziehst nicht in den Krieg, du brichst nur zu einem sehr langen, zweimonatigen Spaziergang auf. Gewiß, er ist mit totaler Isolation verbunden, aber das ist auch alles. Nein, gerade deshalb wird es eine lange, schwierige Zeit. In meinem Kopf wechseln sich angenehme Vorstellungen mit Bildern der Angst ab, während mein Körper bereits klettert, überquert, wieder absteigt. Langsam überwindet die körperliche Anstrengung den inneren Dialog. So manche Frage bleibt ohne Antwort.

Trotzdem brauche ich nicht beunruhigt zu sein; ich habe die beste Ausrüstung und eine phantastische Mannschaft im Basiscamp. Nach dem gescheiterten Versuch im letzten Jahr habe ich darauf bestanden, daß die Ausrüstung noch einmal auf maximale Gewichtseinsparung hin überprüft wurde. Alle haben daran gearbeitet. Ein Fachmann hat den Schlitten aus Carbonfaser gebaut. Über sein Gewicht von ganzen drei Kilo waren sogar die Eskimos von Resolute Bay überrascht, obwohl sie normalerweise allen Materialien aus der Raumfahrt sehr skeptisch gegenüberstehen. Niemand wußte, wie sich das Material bei so niedrigen Temperaturen verhalten würde. Ich kann nun beobachten, wie es sich verdreht und verformt. Die feine Gleitfläche verbeult sich an den Eisblöcken und macht auf flachen Strecken ein Geräusch wie ein Pingpongball. Dann nimmt sie wieder ihre ursprüngliche Form an. Wie lange wird das halten?

Aber das Wichtigste ist, daß mein Proviant hervorragend schmeckt. Er besteht aus Spezialitäten der gefriergetrockneten Küche, wobei den Lebensmitteln durch Kälte das Wasser entzogen wird. Zum Essen muß man einfach kochendes Wasser darübergießen wie beim Kaffeepulver. Die Portionen haben meine Freunde Jean und Isabelle hergestellt, und ihnen gelangen Gerichte, die nach der Provence schmecken. Die Zeiten der ersten Expeditionen mit ihrem geschmacklosen Dörrfleisch sind lange vorbei. Alle diese Menschen, die sich abgerackert haben, die viel Zeit und Energie für mein Wohlbefinden geopfert haben, spüre ich jetzt neben mir. Ich höre, wie sie mich bei meinem Spitznamen nennen und flüstern: „Komm, Papy, mach weiter!"

Seit dem Fehlstart ist meine Mannschaft im Basiscamp unruhig, aber Judy und Michel hoffen, daß die verlorene Zeit und die vergeudete Energie meine Erfolgsaussichten nicht mindern werden. Ein Glück, daß ich die beiden habe! In den zwei Wochen vor meinem Aufbruch haben sie in Resolute Bay jedes Detail überprüft: die Stabilität meiner Skibindungen und die Haftung der Steigfelle; die Biegsamkeit der Zeltstangen aus Carbonfaser bei minus 40 Grad und die Haltbarkeit der Dichtungen meines Benzinkochers.

Vor den Dichtungen muß man sich sehr in acht nehmen, sie werden in der Eiseskälte hart wie Holz und müssen jedesmal mit den Händen erwärmt und geschmeidig gemacht werden, sonst läuft man Gefahr, eine Stichflamme zu produzieren und einen Brand zu riskieren. Wenn mein Ultraleichtzelt aus Nylon in Brand geraten würde, wäre ich in wenigen Sekunden ohne Schutz.

Dieses Mal hat Judy viel Zeit damit verbracht, Kleidung und Schlafsack außen zu imprägnieren, damit der Wärmeschutz nicht feucht wird. Eine andere Neuerung, die wir eingeführt haben, sind Plastikbeutel an den Füßen. Sie werden direkt auf der Haut getragen und verhindern, daß der Schweiß Innenschuhe und Socken durchfeuchtet. Im letzten

Jahr war das morgendliche Schuhanziehen ein einziger Alptraum, weil sie voller Eis waren. Jetzt ziehe ich jeden Abend die Plastikbeutel aus, trockne schnell meine Füße ab und streife die trockenen Socken über.

Es ist wichtig, daß das funktioniert, denn ich habe keine Ersatzsocken dabei. Beim Training sind Socken und Lederschuhe mit dieser Methode weich geblieben und ließen sich leicht anziehen. Bleibt zu hoffen, daß meine Füße unter dieser Behandlung nicht allzu sehr leiden. Ich habe alles überlegt, alles bedacht. Schlechte Ausrüstung kann keine Ausrede mehr sein. Das Gelände ist hart, unmenschlich. Es liegt nur an mir, damit zurechtzukommen.

Um die Schwierigkeiten hier ermessen zu können, muß man wissen, was Packeis eigentlich ist. Es besteht aus gefrorenem Meerwasser, das zu einer drei Meter dicken Treibeisdecke zusammenfriert. Da die Oberfläche der Arktis ständig in Bewegung ist – durch Wind und Meeresströmungen –, entsteht ein derart gewaltiger Druck, daß sich die Eismassen unter- und übereinanderschieben und zerbersten, wenn sie aneinanderstoßen. Durch dieses ständige Kräftespiel werden die Eisplatten manchmal bis zu zehn Meter hoch in die Luft gehoben.

Dieses Durcheinander an Eishaufen ist nicht stabil. Man muß sich ständig konzentrieren, wenn man hindurchwandert. Wer nicht aufpaßt, kann ohne weiteres auf einem Eisblock davontreiben oder unter ihm begraben werden, ohne daß er ihn auch nur berührt hat. Die Natur in diesen hohen Breitengraden ist unfreundlich und ziemlich unberechenbar. Ein kurzer unachtsamer Augenblick, und schon kann ein winziger Block mit einem Meter Kantenlänge – das ist ein Kubikmeter Eis mit einer Tonne Gewicht – dich ganz genüßlich zermalmen. Eis ist schwer, und gleitet schnell.

Nun, der Vorteil eines schnellen Todes ist nicht zu verachten. Schlimmer sind die kleineren Unfälle, eine schwere Verstauchung des Knies oder ein Beinbruch. Die Angst vor einer falschen Bewegung in diesem entsetzlichen Chaos verfolgt mich ununterbrochen. Mit einem verletzten Bein müßte ich zum Schlitten zurückkriechen und möglichst schnell das Zelt aufbauen, um einen Unterschlupf zu haben, um das Notsignal des Positions-Sendegeräts auszulösen und zu warten, bis Hilfe kommt.

Aber wenn das nicht klappt? Wenn die Schmerzen so stark sind, daß ich von einem Eisblock nicht mehr herunterkomme und Schlitten und Sendegerät in einer Sackgasse des Eislabyrinths nicht mehr erreiche? Ich würde bei minus fünfzig Grad einen langsamen Tod sterben. Zentimeter um Zentimeter würde ich mich zum Schlitten hin bewegen, verzweifelt versuchen... Genug! Jetzt reicht's. Schluß mit den deprimierenden Vorstellungen. Reiß dich zusammen, denk an etwas anderes. An deine Verpflegung zum Beispiel!

Ranulph Fiennes ist schon einmal am Pol gewesen, aber mit einem Motorschlitten und nach zweijähriger Vorbereitungszeit. Er hat Probebohrungen durchgeführt, um einer Umweltverschmutzung auf die Spur zu kommen, die in Sibirien vermutet wird, woher das Packeis stammt. Er kennt das Eis und die Probleme eines solchen Marsches, und er hat mir erzählt, daß er sich in den ersten drei Wochen alle acht Tage hat versorgen lassen. Ich habe dagegen vierzehn Tage bis zum ersten Nachschub per Flugzeug eingeplant. Auf einen Schlag kommt mir der Zeitraum entsetzlich lang vor, kaum auszuhalten, auch wenn die verlorenen zwei Tage meines Fehlstarts die Wartezeit verringern. Ich entscheide mich für eine kürzere Frist, warum nicht zehn Tage bis zum nächsten Kontakt mit der Zivilisation?

19

Gut, heute abend werde ich das per Funk an Resolute Bay durchgeben. Es ist ein kleiner Trost, ein Geschenk, das ich mir mache, um inmitten dieser feindlichen, unnachgiebigen Umwelt wieder Mut zu fassen.

Aber meine Freude ist nur von kurzer Dauer, denn die unmittelbare Konsequenz dieser Entscheidung wird mir bewußt. Eine Stunde lang fühle ich mich ziemlich unbehaglich. Da ich ja jetzt bis zur nächsten Versorgung nicht so lange zu laufen habe, könnte ich meinen Schlitten um Lebensmittel für einige Tage und um etwas Benzin erleichtern. Aber was für eine Provokation, an einem so verlassenen, ungastlichen Ort Nahrung wegzuwerfen. Wo ich doch versuche, das Packeis möglichst behutsam, ohne etwas zu zerstören, zu durchqueren. Und wenn die Wetterlage schlecht ist und das Flugzeug nicht kommen kann, könnte ich verhungern.

Sechzig Minuten später entscheide ich mich doch für die Leichtigkeit. Ich deponiere Lebensmittel für vier Tage und einen wertvollen Benzinkanister mitten auf dem Eis. Ein Liter Benzin, was für eine Vergeudung! Jetzt bleiben mir nur noch fünf Liter. Ich stoße mich mit den Skistöcken ab und ziehe los. Dreh dich nicht um, sage ich mir, dreh dich bloß nicht um.

Mein Gepäck ist um fünf Kilo leichter, das ist immerhin etwas, aber der eigentliche Gewinn dieser Aktion ist seelischer Art. Kaum aufgebrochen, verdoppelt sich meine Energie, trotzdem weiß ich beim Halt einige Stunden später, daß ich nicht dieselbe Position wie am ersten Tag erreicht habe. Mir wird klar, daß ich übertrieben hatte, daß ich die Grenzen meiner Leistungsfähigkeit erreicht hatte.

Mein Körper erinnert sich wahrscheinlich daran. Die ganze Nacht über habe ich unter Krämpfen zu leiden, meine Muskeln schmerzen, meine Beine sind schwer. Ich fühle mich so schwer wie Stein, dann wie Eisen und schließlich wie Blei... Der Nordpol ist der richtige Ort, um sich zu quälen. Was suche ich bloß hier, weshalb habe ich alles Angenehme des Lebens zurückgelassen, um wieder aufs Eis zu gehen?

Unterwegs auf dem eigenen Schatten

Am Montag und Dienstag kann ich kein Tagebuch führen, weil meine Stirnlampe zerbrochen ist. Im Zelt herrscht absolute Dunkelheit.

Ich marschiere und marschiere immer weiter durchs Eis. Zur Zeit fällt das Licht sehr schräg ein, denn die Sonne kommt kaum über den Horizont. Hinter mir ist immer noch der Gebirgszug von Ward Hunt Island zu sehen. Oft verschwindet die Sonne hinter den Gipfeln. Kilometerlange Schatten begleiten mich wie ungeheure graue Spuren, wie Blut, das auf dem Wirrwarr des weißen Nordeises gerinnt.

Auch mein eigener Schatten reicht sehr weit, und das ist wichtig, denn nachdem ich am Dienstag die Überreste meines ersten Camps passiert habe, gibt es keine alten Spuren mehr, denen ich folgen könnte. Jetzt orientiere ich mich an den Schatten. Mittags ist es einfach, die Sonne steht voll in meinem Rücken im Süden, also wandere ich auf meinem Schatten. Da ist ein Irrtum ausgeschlossen.

Schwieriger ist es um neun Uhr morgens oder um drei Uhr nachmittags, wenn der Winkel zwischen Schatten und der Richtung zum Pol sehr groß ist und die Eisblöcke falsche Orientierungslinien vorgaukeln. Außerdem sehe ich immer wieder eine Luftspiegelung, die mir angst macht. Wenn ich nach vorn blicke, finde ich den Himmel nicht mehr: Überall sehe ich ein riesiges Eischaos. Vor mir steht eine riesengroße, ins Unendliche reichende, unüberwindbare Mauer. Das erste Mal hielt ich mich bei diesem Anblick für das Opfer einer Halluzination, aber schließlich habe ich begriffen: Durch die Brechung des Lichts wird das Packeis in der oberen Luftschicht reflektiert.

Mit zunehmender Gewöhnung sehe ich mir diese phantastische, natürliche Spiegelung genauer an und entdecke schließlich, daß vor mir flachere Gebiete liegen müssen. Von meiner Position aus, am Boden inmitten der Eisblöcke, kann ich die Beschaffenheit des Gebiets vor mir natürlich nicht erkennen. Auch ist es unmöglich, mit dieser Methode einen einfacheren Weg zu finden. Doch die Begeisterung über ein wunderbares ebenes Gebiet, wo ich endlich meine Skier mit voller Kraft einsetzen könnte, treibt mich zu Höchstleistungen.

Aber es ist nichts zu machen. Das Labyrinth wehrt sich heftig dagegen, sein Opfer wieder freizugeben. Ich spüre seine Macht immer stärker. Oft biege ich um die Ecke eines Eisblocks und stehe wieder vor einem neuen Hindernis. Es ist, als ob alle Kräfte des Ozeans hier ihre Kraft gesammelt hätten, um eine Falle zu bauen. Es gibt keine andere Möglichkeit, als sich ins Innere des Labyrinths zu wagen, zwischen zwei Eiswänden weiterzugehen und zu hoffen, daß es irgendwo am Ende dieses blendendweißen Ganges einen Ausgang gibt.

Oft brauche ich eine Stunde für 200 Meter, bis ich mir schließlich die unvermeidliche Frage stelle: Was jetzt? Soll ich weitergehen oder umkehren? Und wohin kann ich dann ausweichen? Nach Osten, nach Westen? Wo könnte ein besserer Weg liegen? In manchen Augenblicken fühle ich mich wie ein Gefangener, bin fast am Ersticken. Meine Durchschnittsgeschwindigkeit beträgt ein oder zwei Kilometer pro Stunde.

Die Vorstellung, mir den Fuß zu verstauchen, taucht immer öfter auf. Diesmal träume ich allerdings davon, mir eine Verletzung zuzuziehen, Opfer irgendeines schweren Unfalls zu werden. Natürlich nicht zu schwer, nur so, daß ich einen Grund finde, ohne großen Schaden zurückzugehen. Ich weiß, das ist der Punkt, an dem viele Polexpeditionen scheitern; die meisten kehren am dritten oder vierten Tag um. Nimm dich in acht, Papy! Geh weiter!

Offensichtlich ist dieser Gang eine Sackgasse. Trotzdem, ich werde durchkommen. Ich lehne den Schlitten senkrecht an einen Eisblock und klettere daran hoch. Oben angekommen nehme ich meine Zugseile und ziehe an, ziehe stärker.

Mühsame Kletterei im Eischaos

Einen Meter habe ich ihn bereits hochgehievt! Ich mache eine Schlinge um einen der angrenzenden Blöcke und erhole mich. Weiter! Noch einen Meter und noch einen! Schließlich hat der Schlitten fast die Oberkante des Eisblocks erreicht. Ich lege eine neue Schlinge. Jetzt ziehe ich den Schlitten direkt an seiner Spitze hoch. Ich ächze, ich ziehe, geschafft! Ich habe gewonnen! Manchmal denke ich, der Schlitten besitzt Intelligenz, so sehr erleichtert er mir meine Aufgabe im Vergleich zu seinem Vorgänger, den ich letztes Jahr benutzt habe. Der war auf den klassischen Kufen gelagert, die ihn behinderten, ihn oft sogar blockierten.

Mein neuer Schlitten ist unten flach, er gleitet fast wie ein Wassertropfen über das Eis und ist viel freier in seinen Bewegungen. Vorne ist er wie ein Spachtel hochgezogen, ganz im Gegensatz zum alten Schlitten, der sehr niedrig war und sich immer wieder im Eis festfraß. Das passiert mit diesem Modell nicht mehr.

Hinter dieser Sackgasse liegt ein flacheres Gebiet. Auf den ersten Blick sieht es jedenfalls so aus. Es ist sehr schwierig, Größe und Entfernung der Hindernisse einzuschätzen. Ist der Eisblock, den ich dort unten sehe, zwanzig Meter entfernt und zwei Meter hoch, oder sind es vierzig Meter, und er ist acht Meter höher? Woher soll ich das wissen? Alles sieht gleich aus in der Weite dieser unendlichen weißen Landschaft, in der man die Größenverhältnisse nur mit Mühe einschätzen kann. Oft lege ich mich einfach hin und visiere zwei Blöcke gleichzeitig an, bewege mich dann ein bißchen und sehe, daß der eine gegenüber dem anderen größer wird. So weiß ich schließlich, welches Hindernis wirklich hoch und welches nur eine Unebenheit ist.

Mit der Zeit lerne ich, daß es besser ist, nicht immer den direkten Weg zu wählen, auch wenn das eine natürliche Reaktion ist. Ich muß systematisch immer auf den niedrigsten Punkt zusteuern, um von dort aus die Richtung neu anzupeilen. Denn alle Hindernisse, die sich als hoch erwiesen, konnte ich im allgemeinen nicht passieren.

Ich bewege mich in einer anderen Welt, auf einem anderen Planeten. Wie ich die Schönheit genieße, die wunderbaren Bilder und Spiegelungen! Aber ich muß konsequent und erbarmungslos weitergehen. Da ist kein Platz für Träume. Geistig hat dieses Abenteuer nichts zu bieten, alles ist reduziert auf das Wesentliche, auf den Körper.

Für meine zerbrochene Stirnlampe muß ich Ersatz finden. Mir fällt ein, daß ich in meinem Erste-Hilfe-Beutel kleine Teelichter aufbewahre. Ich möchte eine Kerze anzünden, um endlich ein lebendiges Licht zu sehen, ein Licht, das Schatten wirft, das sich bewegt. Eine Flamme in dieser Umgebung ist eine faszinierende Vorstellung: ein bißchen Lebendigkeit und Wärme, zumindest symbolisch. Aber als der Docht endlich brennt, taut nur das Wachs in direkter Nähe der Flamme, der Rest bleibt gefroren. Die Flamme erlischt mit einem sarkastischen Paff.

Im Licht meines Feuerzeuges versuche ich, das Wachs mit der Messerspitze aufzukratzen, um den Raum für die Flamme zu vergrößern. Paff. Das Wachs ist so hart, daß es zersplittert, die Kerze zerbricht in tausend Stücke. Ich muß weiterhin im Finstern leben. Erstaunlich, wie langsam, schwierig, nervenaufreibend jeder Handgriff ist. Zum Beispiel das Feuerzeug. Man muß es lange reiben, um den Tank zu erwärmen, bevor es reagiert, und auch dann hat es noch Mucken.

Von Nacht zu Nacht friere ich mehr, trotz meiner zwei ineinandergesteckten Schlafsäcke und der beiden Schaumstoffmatten, die von unten isolieren sollen. Ich wache alle zwei Stunden vor Kälte auf. Mit diesem Rhythmus werde ich nicht lange durchhalten, ich muß etwas unternehmen. Jede Nacht mache ich mir nun zwei oder drei Wärmflaschen, die ich zwischen meine Beine lege. Die Wärme läßt mich rasch einschlafen, aber die Wirkung hält nur kurz an. Die Wärmflaschen kühlen schnell aus, und ich wache zitternd auf. Am Dienstag bitte ich per Funk darum, daß man mir neben einer neuen Stirnlampe auch ein Karibufell mit dem Flugzeug mitschickt.

Das Karibufell ist die traditionelle Unterlage der Eskimos und die beste Isolation, die man sich vorstellen kann. Das dichte Fell dieses Rentieres funktioniert wie eine Hohlfaser, welche die Luft speichert und dadurch vor Kälte schützt. Wenn man ein Karibu in der Eiseskälte der Arktis tötet, bleibt sein Körper auch noch Stunden danach warm. Das einzige Problem ist das Gewicht, denn das Fell wiegt drei Kilo, nicht zu vergleichen mit meinen federleichten Isoliermatten. Aber die Technologie muß in diesem Fall offensichtlich vor den traditionellen Methoden der Eskimos zurückstecken.

Das wird Bezal, den indischen Manager vom Quartier in Resolute Bay, amüsieren, der in seinem Haus alle Expeditionen berät, die zum Pol aufbrechen, vor allem aber gnadenlos beurteilt. Mir hatte er gesagt: „Vergiß die Isoliermatten, das ist Sache der NASA, sie taugen gerade noch für den Mülleimer. Alle, die damit aufgebrochen sind, haben aufgegeben, sie waren völlig durchgefroren und sind schleunigst umgekehrt. Und außerdem, du bist physisch zwar bestens vorbereitet, ich gebe dir aber trotzdem nur eine Erfolgschance von zwei Prozent, daß du den Nordpol erreichst. Mehr nicht. Dein federleichter Schlitten beeindruckt mich überhaupt nicht, ganz im Gegenteil!"

Instinktiv mißtraut Bezal der modernen Technologie. Er glaubt an die Tradition, an die Werte, die sich in der jahrtausendealten Erfahrung der Eskimos bewährt haben. Das

Eine kleine Eismauer dient als Windschutz

Material, aus dem mein Schlitten gebaut wurde und das als Symbol für meine Absicht gelten könnte, eines der ursprünglichsten Gebiete unseres Planeten mit Ausrüstungsgegenständen des Raumfahrtzeitalters zu erobern, erschien ihm als Gipfel des Irrsinns und der Unvernunft. Vielleicht hatte er recht. Der Schaumstoff mit den eingeschlossenen Luftblasen scheint bereits zu versagen. Und bei meinem Schlitten besteht die Gefahr, daß er unter der Gewalt der andauernden Schläge des Eises aufgerissen wird. Unterwegs halte ich oft an, um ihn zu überprüfen, bis jetzt habe ich aber noch keinen Riß bemerkt. Bezals Warnungen geistern durch meinen Kopf, es gelingt mir nicht, sie zu verjagen…

Am Mittwoch nachmittag passiert etwas sehr Unangenehmes. Etwa fünf bis zehn Minuten lang zittert das Packeis. Ein tiefer Ton wie das Dröhnen eines gewaltigen Motors scheint von unten zu kommen. Dann wird das Geräusch langsam schwächer. Am Himmel ist kein Flugzeug zu sehen.

Plötzlich weiß ich, woher dieses fremdartige Trommelgeräusch kommt, das ich nun immer deutlicher unter dem Eis lokalisieren kann: Es kann nichts anderes sein als ein U-Boot, das sich unter dem arktischen Eis entlangbewegt. Wird es direkt vor mir auftauchen? Doktor Etienne trifft auf dem Weg zum Nordpol ein U-Boot. Wenn das passiert, bitte ich darum, mich mitzunehmen. Schließlich wäre es eine kleine Sensation, an Bord eines U-Boots zurückzukommen – sogar, wenn man aufgegeben hat. Jedenfalls ist es eleganter, als auf allen vieren zum Haus des lieben Bezal zurückzukriechen, um sich das ewige „Ich hatte Sie gewarnt, mein Lieber, ein Mann allein unterwegs zum Pol, ohne Hund, ohne Begleiter, das klappt nie!" anzuhören.

Aber das U-Boot taucht nicht auf, das eigenartige tiefe Dröhnen verschwindet. Ich befinde mich immer noch in derselben eisigen Hölle bei 47 Grad unter Null, meine Position ist 83 Grad 16' nördlicher Breite. Ich werde niemals erfahren, was die tatsächliche Quelle dieses Geräusches war.

Aber am Donnerstag beunruhigt mich ein anderes Geräusch unter meinem Zelt, und ich weiß sofort: Das Eis bricht. Es ist eigenartig mitzuerleben, daß direkt unter einem das Packeis bricht, und das eine ganze Nacht lang. Zunächst höre ich ein scharfes Knarzen, das vom Aneinanderscheuern der Eisplatten herrührt. Sie werden gegeneinander geschoben, stoßen aneinander und trennen sich wieder.

Von Zeit zu Zeit zeigt ein mächtiges, schweres „Plum" an, daß ein Eisblock aus dem Gleichgewicht geraten und umgefallen ist. Das Knarzen fürchte ich nicht so sehr, denn der Riß kann in zehn oder fünfzehn Meter Tiefe aufbrechen, auch wenn die Geräuschwelle, die vom Eis übertragen wird, mir das Gefühl vermittelt, als passiere das alles direkt unter meinem Rücken. Aber wer kann mir sicher sagen, daß das letzte „Plum" von einem Eisblock stammte?

Ein Eisbär, der durchschnittlich 500 Kilo wiegt, könnte das gleiche Geräusch verursachen. In dieser Gegend habe ich ununterbrochen das Gefühl, daß ein Eisbär auftauchen könnte, auch an Tagen, an denen sich das Packeis majestätisch und schweigsam präsentiert. Wenn ich mein Camp aufschlage, baue ich jedesmal mit der Schaufel eine kleine Eismauer um mein Zelt, um es vor Wind zu schützen. Sobald er auch nur ein kleines bißchen bläst, reibt das steife, von der Kälte harte Zeltmaterial an dem Mäuerchen und macht chu. . . chu. . . chu. Sofort wache ich auf, schrecke hoch und denke, jetzt ist er da, das muß ein Eisbär sein! Mein Herz schlägt zum Zerspringen.

Im hohen Norden hat jeder Angst vor dem Bären. Es ist das Raubtier, der Feind, der Menschenfresser in unzähligen Legenden, der grausame Wächter des Nordpols. Tatsächlich stammen die meisten Erzählungen über Eisbären von Jägern und Forschern, die den Bären gejagt haben, um Nahrung zu bekommen. Weil sein Fell sehr dick ist, braucht ein Jäger mehrere Kugeln, um ihn zu töten. Aber mit einem verletzten Bären ist nicht zu spaßen, er greift an. Daher stammen diese Legenden von schrecklichen Zweikämpfen zwischen Mensch und Bär, von dem gnadenlosen Krieg, zu dem sie angeblich verurteilt sind.

Seit einiger Zeit gibt es jedoch auch Berichte von Forschern, die dem Bär weniger Aggression zuschreiben. Sie versichern, daß er kein absolut wildes Tier sei, auch wenn sein Verhalten, das auf einer großen Neugier gegenüber dem Menschen basiert, immer unberechenbar bleiben wird.

Der Japaner Uemura Naomi, der 1978 mit einem Hundegespann im Alleingang den Nordpol erreicht hat, berichtet von einer Bärenbegegnung. Der Bär näherte sich dem Zelt, das er sorgfältig von oben bis unten beschnüffelte. Währenddessen blieb Naomi in seinem Schlafsack, ohne das kleinste Geräusch zu machen, und hielt den Atem an. Er hatte ein Gewehr neben sich liegen, schoß aber nicht. Und der Bär trottete davon. Als der Bär aber etwas später zurückkehrte, tötete ihn Naomi, weil er sich nicht sicher war, was den Bären schließlich zur Rückkehr bewogen hatte.

Bei meinem ersten Versuch, den Nordpol zu erreichen, hatte ich einen Riesenwirbel um die Eisbären gemacht und den größten Revolver, eine 44er Magnum, mitgenommen, die immer noch leichter ist als ein Gewehr. Die Ansichten über Sinn und Zweck der Waffe waren geteilt. Noch nie hatte jemand einen Eisbären mit einer 44er Magnum erlegt. Wenn man die Wucht der Kugeln zur Dicke des Bärenfelles ins Verhältnis setzte, zweifelte jeder außer mir an der Wirksamkeit des Revolvers, es sei denn, es würde aus nächster Nähe geschossen, nämlich aus maximal zehn Metern Entfernung. Das würde bedeuten, daß ich den Bären langsam herankommen sehe, mich in Schußposition stelle, das Tier auffordere, doch bitte noch einen Moment etwas Abstand zu halten…

Hundertmal hatte ich mir die Situation vorgestellt, und hundertmal war ich unsicher. Tagsüber war das machbar, aber nachts? Ein anderes Problem tauchte bei Schießübungen auf. Es waren 40 Grad unter Null. Sobald die erste Kugel abgefeuert war, rutschte der gefrorene Kolben wie Toilettenseife aus der Hand. Durch den Rückstoß verstellte sich die Pistole, und ich mußte neu zielen, um den nächsten Schuß abzufeuern! Doch der Eisbär ist ein ganz besonders schnelles Tier. Ist er schon von der ersten Kugel einer 44er getroffen, wird er nicht freundlich darauf warten, daß ich die Waffe wieder in Position bringe, bevor er sich auf mich wirft. Trotzdem hatte ich damals den Revolver mitgenommen, zur Beruhigung sozusagen.

Dieses Jahr habe ich auf ihn verzichtet. Im übrigen dürfte es in den Breitengraden, in denen ich mich befinde, keine Eisbären geben. 80 Prozent seiner Nahrung besteht aus Seehunden und Meerestieren, die zum Luftholen an die Wasseroberfläche müssen, was sie bei der drei Meter dicken Packeisschicht nicht können. Wo es keine Spur von Leben gibt, findet er nichts zu essen und hält sich dort nicht auf.

Diese Überlegungen machen mich etwas sicherer, beruhigen mich aber nicht völlig. Letztes Jahr hat der Japaner Mako Eisbärenspuren auf 88 Grad nördlicher Breite entdeckt. Das bedeutet, daß der Eisbär mit seinen Reserven sehr weit nach Norden kommt. Nun gut, da kann man nichts machen. Wenn ich einem Bären begegne, ziehe ich die friedliche Methode vor, bleibe regungslos und stumm wie ein Karpfen in meinem Schlafsack liegen. Nicht aus Leichtfertigkeit, es ist tatsächlich das bestmögliche Verhalten. Aber das Unwägbare bleibt.

Tags laufe ich immer von Süden nach Norden. Ich liege nicht auf der Lauer, ich sehe mich nicht nach allen Richtungen um, ob gerade ein Bär naht. Umgekehrt, der Bär jagt, er umschleicht sein Opfer, er wartet. Er beobachtet es zwei oder drei Tage, ohne bemerkt zu werden. Schließlich entscheidet er, daß es am besten ist, von hinten oder im Zelt anzugreifen. Eisbären sind sehr schlau.

Nach vielen Berechnungen habe ich herausgefunden, daß in 84 Prozent der Fälle eine Waffe nicht einsetzbar wäre. Ein Gewehr wiegt fünf Kilo, soviel wie Proviant für fünf Tage. Ich habe mich dafür entschieden, lieber einen Essensvorrat mitzunehmen, falls das Flugzeug länger ausbleibt, als etwas zum Töten, falls überraschend der Eisbär auftaucht. Es ist eine Wahl wie jede andere.

Auszug aus meinem Expeditionstagebuch vom Freitag, den 14. März, auf 83 Grad 26′ nördlicher Breite und bei 35 Minusgraden: „Über Funkkontakt erhielt ich gestern die Bestätigung, daß heute Freitag ist. Ein Sturm hat mich im Zelt festgenagelt. Es ist dieselbe Situation wie letztes Jahr, zwei Tage bevor der Nachschub kommen soll, in einem Gebiet, in dem ich keine Möglichkeit für die Landung eines Flugzeugs sehe. Ich muß unbedingt meine Kleidung wechseln, sie ist völlig aufgeweicht.

Jetzt wird es kritisch, ich habe nur noch 3,5 Liter Benzin, und niemand kann mir sagen, wann dieser verdammte Vorhang sich heben wird. Zu schreiben, wenn man nichts sieht, ist, wie wenn man gegen eine Wand reden würde.

Als ich heute morgen völlig erfroren und durchnäßt aus meinem Schlafsack gestiegen bin, konnte ich die Erzählungen der ersten Entdecker nachfühlen. Das hier ist eine wahre Folter, vor der man normalerweise davonlaufen müßte. Wieso bin ich wiedergekommen? Ich weiß es nicht. Nur eines ist sicher, ich habe fast vergessen, wieviel Mut und Willenskraft dazugehört, um das zu machen. Ich werde einen Tag mit Nichtstun verbringen müssen. Das sind die schlimmsten Tage, denn wenn man nicht vorankommt, verliert man wegen der Abdrift an Boden. Ich werde versuchen, den Walkman in Gang zu setzen. . .“

An diesem Morgen weiß ich noch nicht, was mich draußen erwartet. Ich bin in meinen Schlafsäcken begraben wie in einem Sarkophag, denn bis auf ein ganz kleines Loch, das offengelassen wird, damit man nicht erstickt, schließen sie hermetisch ab. Tastend öffne ich den Verschluß. Wie jeden Morgen seit meinem Aufbruch läßt er sich leicht öffnen und entläßt einen kalten Hagel von Eisstückchen, die sich in den Falten versteckt hatten und die mich mit dem ersten Luftzug im Gesicht treffen. Das macht beim Aufwachen erst einen richtigen Mann aus mir.

Tapfer beuge ich mich etwas aus den Schlafsäcken, so daß ich mich hinsetzen kann. Das Zelt ist niedrig und über und über mit Eiszapfen bedeckt, die beim Herunterfallen mein Gesicht zerkratzen und sich schließlich irgendwo in den Tiefen meiner Schlafsäcke verstecken, wo sie schmelzen. Welch wunderbares Gefühl! Ich schlafe angezogen, und meine Unterwäsche ist bereits ziemlich feucht. Jetzt ist sie völlig naß. Wie ich das liebe! Nun sind die Handschuhe dran, sozusagen die dritte Stufe dieser Tortur. Während meiner ganzen Expedition benutze ich nur ein einziges Paar Wollhandschuhe. In Resolute Bay haben sie mich deswegen den Außerirdischen genannt.

Ein Paar ist nach meinen Erfahrungen jedoch ausreichend. Wenn ich meine Skistöcke in den Schnee stemme, um vorwärtszukommen, dringt der Schweiß durch die Handschuhe nach draußen. Sie sind sofort mit Eis überzogen. Sogar am Abend, wenn ich esse, zwingt mich die Kälte, sie anzubehalten. Dabei überzieht sie der Suppendampf mit einer Eishaut. Ich habe mich daran gewöhnt. Nachts lasse ich sie im Zelt liegen, wo dieselbe Temperatur herrscht wie draußen. Man kann sich wirklich nichts Schöneres vorstellen, als bei Morgengrauen die vom Schlafsack noch warmen Finger in diese großen gefrorenen Hände zu stecken wie in ein Eisgehäuse, in dem sie sofort starr werden. Einen endlosen Moment lang ist es ziemlich frisch, aber rasch taut das Gehäuse ein wenig, und ich kann meine Aufsteharbeit fortsetzen.

Im Sitzen beuge ich mich vor und drehe mich, um endgültig aus den Schlafsäcken zu klettern. Ich hocke dann auf allen vieren und öffne den Verschluß des Zeltes. Auch der ist gefroren wie alles andere. Man muß ihn mehrmals hoch- und runterziehen, bis die Reißverschlüsse schließlich bereit sind zu funktionieren. Sobald sie soweit nachgegeben haben, daß ich nach draußen sehen kann, halte ich den Atem an. Zuerst spiele ich Vogel Strauß und schaue nur auf den Boden. Aber schließlich zwinge ich mich dazu, mich der entsetzlichen Situation zu stellen und den Kopf zu heben.

Der polare Nebel hat alle Konturen verwischt. Mit unserem Nebel aus kondensierten Wassertropfen hat dieser keine Ähnlichkeit. Hier umgeben mich Millionen schwereloser Eiskristalle. Erde und Himmel fließen in einer weißen Glut ineinander über. Eine zauberhafte Vision, aber zugleich eine gefährliche Falle.

Auch wenn die Sichtverhältnisse einen Weitermarsch erlauben, sind alle Perspektiven verfälscht, die Größenverhältnisse, sogar in normalen Zeiten schwer einzuschätzen, sind unter diesen Bedingungen noch stärkeren Abweichungen unterworfen. Mir erscheint eine kleine Unebenheit in der Nähe des Zeltes genauso groß wie ein sechs Meter hoher Eisblock, der vielleicht 50 Meter entfernt ist. Plötzlich dringt das Sonnenlicht stärker durch den Nebel, die Sicht wird besser.

Es ist unfaßbar, ich hatte mich total getäuscht. Der erste Buckel erreicht in Wirklichkeit sechs oder sieben Meter Höhe. Wie groß mag dann erst der Eisfelsen dahinter sein? Das Wetter macht mir Sorgen. Hat es nur vorübergehend aufgeklart, oder wird der Nebel ganz aufreißen? Ich brauche zwei Stunden, um das Camp abzubauen, aber wenn das Wetter wieder schlechter wird, werde ich einige hundert Meter von hier anhalten und es wieder aufschlagen müssen. Ich bin zu müde, ein solches Risiko einzugehen, die Sehnsucht nach

Mühsame Zubereitung des Frühstücks

meinen warmen Schlafsäcken ist stärker. Ich kehre in den Schutz meines Zeltes zurück.

Sobald ich das Frühstück eingenommen habe (vorgekochter Weizengrieß, Milch, Trockenfrüchte, Schokolade, Butter und Zucker, aufgelöst in einem Liter Wasser, das ich gewinne, indem ich Eis oder Schnee auftaue und zum Kochen bringe), mache ich mir eine Wärmflasche und klettere wieder in meine Schlafsäcke, diesmal wirklich mit Genuß. Etwas Musik wäre jetzt schön. Ich setze die Kopfhörer meines Walkmans auf und lege eine Kassette der „Dire Straits" ein. Dann verstaue ich ihn in meinem Schlafsack auf der Wärmflasche. Der Walkman funktioniert noch schlechter als die Feuerzeuge, man muß ihn lange und ziemlich stark erwärmen, bis er spielbereit ist.

Die Zeit vergeht, nichts passiert, ich döse vor mich hin, schlafe schließlich ein. Urplötzlich schrecke ich hoch: Was ist das für ein entsetzlicher Krach? Ist das ein Alptraum? Ein langes Knarzen, ein Geheul, vermischt mit schweren Schlägen, weckt mich endgültig. Ich habe schreckliche Angst. Ist das ein Eisbär? Zerreißen seine Tatzen bereits das Zelt? Oder öffnet sich das Packeis unter mir? Langsam verstehe ich. Es ist nur der Walkman, der anfängt zu laufen, weil die Schmiere in seinem Mechanismus getaut ist. Das Geheul und die schweren Schläge sind die ersten, zu langsam abgespielten Takte, die durch die Kopfhörer verstärkt werden. Ich zittere immer noch, aber plötzlich löst sich die Blockade im Apparat, und die richtige Musik beginnt.

Mit einem Mal bin ich nicht mehr am Nordpol, wo man seine Zeit damit verbringt, auf jedes Geräusch zu achten, um dem Tod zu entgehen. Die Musik löst eine emotionale Springflut in mir aus. All die Spannungen, die ich seit dem ersten Tag unbarmherzig aufgestaut, unterdrückt, kontrolliert habe, um das Überleben zu sichern, befreien sich, ich weine hemmungslos. Ich entsinne mich, wie wunderbar es ist, ein normales menschliches Wesen zu sein, das sich unterhält, tanzt, lacht . . . Als die Kassette stoppt, verschwindet auch die Illusion. Der Wind draußen ist stärker geworden. Das Eis knirscht und knirscht und wird nie damit aufhören . . .

Eine Stunde unter Menschen

Der Eisnebel von gestern hat sich aufgelöst, aber ich bin unruhiger denn je. Da mein Positions-Sendegerät nicht mehr funktioniert, weiß man seit 48 Stunden nicht, wo ich mich befinde. Und morgen soll das Nachschubflugzeug kommen. Das Notsignal kann allerdings immer in Betrieb gesetzt werden, folglich könnte ich das benutzen. Noch bin ich nicht in einer Notsituation, aber es könnte schnell eine werden. Ich habe fast nichts mehr zu essen und vor allem sehr wenig Benzin für den Kocher. Ohne Wärmequelle kann ich nicht lange überleben.

Ich schalte das Signal ein. Aus Angst, vom Rest der Menschheit abgeschnitten zu sein, vergesse ich, wie stark das Signal ist, und lasse es vier Stunden ununterbrochen laufen. Wie man mir später berichtet, hörte das Telefon im Institut für Raumfahrt-Forschung in Toulouse nicht mehr auf zu läuten. Aus allen Himmelsrichtungen wird angerufen!

Auf jeden Fall ist damit bewiesen, daß das Notsignal sehr wirkungsvoll ist. In Resolute Bay werden meine technischen Assistenten mit Vorwürfen überhäuft: „Weshalb benützen Sie das Notsignal, um eine Positionsbestimmung vorzunehmen? Man hat uns sogar aus Sibirien angerufen, aus Borneo, aus Adelaide, um mitzuteilen, daß Etienne in Not ist. Das ist nicht erlaubt und kann nicht toleriert werden!" Na und, sage ich mir später, die sollten mir diese kleine Verrücktheit verzeihen. Es ist so hart hier draußen, da werde ich sie wohl ein bißchen in ihren warmen Büros beim Telefonieren stören dürfen.

Den ganzen Tag verbringe ich dann damit, einen Landeplatz für das Flugzeug zu suchen, wahrlich keine leichte Aufgabe. Als ich das erste flache Gelände ausfindig machen kann, löse ich das Gurtzeug, lasse den Schlitten stehen und marschiere schrittezählend los, um es zu vermessen. Bei minus 38 Grad fehlt dem Gang die Leichtigkeit, die Beine sind verkrampft, und es ist mühsam, die Größe des abgeschrittenen Gebiets einzuschätzen.

Schließlich lege ich mich direkt auf den Boden neben die Fußspuren und zähle, wie viele Schritte meine 1,68 Meter Körperlänge ergeben. Jetzt habe ich einen Maßstab, aus dem ich meine Schrittlänge ableiten kann. Ich multipliziere diesen Wert mit den 90 Schritten, die ich gezählt habe. Du liebe Güte, das macht kaum mehr als 150 Meter, und ich glaubte, ein immens großes Gebiet gefunden zu haben! Das reicht nicht für die Landung, ich muß ein anderes Gelände suchen.

Etwas später finde ich es. Nach den gezählten Schritten müßte es 250 Meter lang sein. Als ich hochschaue, um mir vorzustellen, wie das Flugzeug langsam einschwebt, bemerke ich einen Eisfelsen, der mit mindestens sechs Metern Höhe offensichtlich jeden Zugang zur Piste blockiert. Ärgerlich breche ich wieder auf.

Stundenlang vermesse ich ungeeignete Landegebiete. Entweder sind sie zu kurz, zu kurvig oder nicht zugänglich. Ich bin verzweifelt. Am Abend soll ich dem Piloten per Funk die Landung bestätigen, denn das Flugzeug ist bereits reserviert. Und wenn ich sie trotz fehlender Landemöglichkeit bitte zu kommen? Sie könnten über mich hinwegfliegen und das Lebensnotwendige abwerfen. Das bedeutet, ich muß weitergehen, ohne die Kleidung zu wechseln, erstarrt in dieser Zwangsjacke aus Eis. Und außerdem würde ich kein einziges menschliches Gesicht sehen! Was für eine schreckliche Aussicht!

Am Nachmittag entdecke ich die Perle aller Perlen, eine 250 Meter lange Piste mit einer übersichtlichen Einflugschneise. Endlich am Ziel! Doch dann drehe mich um. Herr im Himmel, das Sonnenlicht hat bisher alle Hindernisse abgeflacht, so daß ich die tatsächliche Größe der Buckel, die als lange Schatten zu sehen waren, unterschätzt habe. Das Flugzeug kann hier nie landen, es ist viel zu uneben. Wenn es morgens kommt, ginge es noch; er könnte ausweichen, im Zickzack durchlavieren, diese Piloten sind ja alle Teufelskerle. Aber wenn es abends kommt...

Ich gehe weiter. Wieviel Zeit bleibt mir noch? Eineinhalb Stunden? Zwei Stunden, bis das Licht so blaß wird, daß jede weitere Suche unmöglich wird? Sagen wir, es sind noch zwei kleine Stündchen. Jetzt muß es kommen, hinter diesem verfluchten Bergrücken muß es doch ein ebenes Gebiet geben! Ich verlange es, ich befehle es, ich bin bereit, alles dafür zu tun, sogar an Gott zu glauben. Wenn es sein muß, würde ich sogar beten, und ich bete ja schon.

Der Gott, den ich mir vorstelle, ist ein ganz besonderer Gott, er ähnelt keinem anderen. Er ist ein Spezialist für arktische Gebiete, irgendwie ein guter lokaler Gott. Ich spreche mit ihm: „Gute Lokalgottheit, mach doch, daß ich etwas finde, das Flugzeug muß morgen landen, ich kann so nicht weitermachen, ich bin total durchgefroren, meine Unterwäsche ist aufgeweicht, finde doch eine Piste, bitte, finde eine für mich!"

Langsam ähnele ich den ersten Menschen, die am Beginn der Zeit ein Land suchten, in dem sie überleben konnten. Ich kehre zurück zum Heidentum, ich spreche Beschwörungen gegen das Eis, die Wolken, den Himmel, ich flehe die Kräfte des Packeises an. In diesem Moment erkenne ich in der Ferne ein ebenes Stück, endlich! Zufall oder nicht? Es ist mir egal, ich bin schon viel zu weit verstrickt in meine Beziehungen zu den Wesen, die mich umgeben. Sie haben meine Botschaft erhalten, und wenn sie mir das jetzt anbieten, dann bedeutet das, daß sie mir helfen wollen zu überleben. Sie haben mich akzeptiert als jemanden, der fähig ist, den Weg zum Nordpol zu schaffen.

Das Gelände ist riesig, mindestens 500 Meter lang. Ich baue mein Zelt am Rand dieser Piste auf. Die vertrauten Handgriffe, die ich Tag für Tag wiederhole, bringen mich langsam wieder in meine normale Verfassung zurück. Aber kaum habe ich mich drinnen zum Essen niedergelassen, überfallen mich schreckliche Zweifel. Was ist, wenn ich in meinem eigenartigen Trancezustand die 500 Meter nur geträumt habe? Was ist, wenn die Piste zu kurz ist?

Wie vom Teufel gejagt stürze ich nach draußen und ziehe meinen Schlitten ans andere Ende. Er ist zwei Meter zwanzig lang, mit ihm werde ich die Piste noch einmal vermessen. Welche Spannweite hat das Flugzeug? Ich weiß es nicht, aber auf jeden Fall braucht es zehnmal soviel, um zu landen. Ich laufe mit dem Schlitten umher und messe. Gut, das müßte reichen, das wird klappen, zumindest habe ich nicht geträumt.

Erleichtert kehre ich langsam in mein Zelt zurück. Bevor ich hineinkrieche, drehe ich mich ein letztes Mal um. Aber nein, ich habe das alles unterschätzt! Plötzlich kommt mir das Flugzeug riesig vor, die Eisblöcke am Rande der Piste, die weit entfernt schienen, nähern sich bedrohlich, nein, hier wird es nie landen können, nie. . .! Wieder packt mich die Angst, mein Herz klopft bis zum Hals. Reiß dich zusammen, hier ist es richtig, außerdem ist es zu spät, noch einmal aufzubrechen.

Um mein Gewissen zu beruhigen, hole ich den Spaten und versuche, einige Unebenheiten zu begradigen . . . Es ist lächerlich, aber es tut mir gut. Ich überprüfe ohne Unterlaß meine Berechnungen und komme immer zum gleichen Resultat: Die Piste ist 500 Meter lang, kein Zweifel.

Abends kündige ich über Funk an, daß ich eine hervorragende Landepiste gefunden habe. Der Pilot fragt, ob das Eis gut sei. Ich kann das bejahen, es ist altes, weißes Eis, das solideste von allen. Und die Dicke? Eigentlich hätte ich das mit einer Hacke überprüfen sollen. Wegen des Gewichts habe ich keine mitgenommen, denn seit der Expedition im letzten Jahr besitze ich genug Erfahrung darin, die Dicke des Eises nach seiner Farbnuance zu bestimmen.

Im Gespräch mit Piloten oder Leuten von der Fluggesellschaft muß man sehr selbstsicher und verbindlich auftreten, denn sie mißtrauen den „Spinnern", die zum Nordpol unterwegs sind, vor allem dann, wenn sie erst einige Dutzend Kilometer hinter sich gebracht haben. Mit der Zeit wird aus ihren Zweifeln – die oft nur allzu berechtigt sind – eine Art Komplizenschaft, schließlich Bewunderung, je näher man dem Pol kommt. Denn sie wissen ganz genau, wie diese weiße Hölle ist.

Wie gerne würde ich meine Assistenten morgen hier landen sehen, damit sie eine Vorstellung von dieser Welt bekommen und sie die harte Realität hier für ein, zwei Stunden mit mir teilen. Für sie bin ich nur eine Stimme im Funkgerät, und das Packeis, von dem ich spreche, ist nur ein abstrakter Begriff für sie. Wer muß schon vor Kälte zittern, wenn ihm per Funk beschrieben wird, wie es ist, bei minus 45 Grad zu frühstücken?

Trotzdem würde ich nicht so weit gehen, ihnen den Gestank zuzumuten, den mein Körper und mein Schlafsack am Sonntagmorgen verströmen. Ich rieche wie ein vernachlässigter Greis, vielleicht sogar schlimmer. . . Aber weil auch Gerüche ein Minimum an Wärme brauchen, um zur Geltung zu kommen, verschwindet mein Spezialparfüm sehr schnell, sobald ich den Schutz meiner Schlafsäcke verlasse und den Tag beginne.

Bei 100 Prozent Feuchtigkeit bin ich im Schlaf von Kopf bis Fuß durchweicht; sobald ich aufstehe, werde ich sofort zum Eisblock. Das beste Mittel dagegen ist, möglichst schnell aufzubrechen, um zu marschieren, weil die Bewegung die Kälte vertreibt. Aber heute muß ich auf das Flugzeug warten, und je mehr Zeit vergeht, desto mehr verwandle ich mich in eine lebende Schneeverwehung, vor meinem stummen Funkgerät sitzend. Oft stürze ich nach draußen, überzeugt, das Brummen des Flugzeugs gehört zu haben, aber der sonnige, wolkenlose Himmel bleibt leer, es war nur Einbildung.

Der Flieger kommt, als ich schon nicht mehr daran glaube. Die Kälte hat mich längst in eine Art Stumpfsinn verfallen lassen, welche Hirn und Muskeln in eine apathische Masse verwandelt, die leise zuckt. Das Geräusch meiner Stimme schreckt mich auf, ich höre mich dem Funk antworten – ja, ihr seid gerade über mich hinweggeflogen, ja, das Flugzeug ist jetzt links von mir. Wie im Traum verlasse ich das Zelt. Ich sehe die kleine zweimotorige Maschine im Anflug, sie wird immer größer, sie wächst ins Unermeßliche, sie berührt das Eis, und plötzlich ist um mich nur noch ein Höllenlärm. Nach all diesen stillen Tagen ist das ein unglaublicher Krach.

Eine weiße Wolke pulverisierten Eises nimmt mir die Sicht, aber als ich die Augen wieder öffne, ist das Flugzeug so nahe, daß ich den Eindruck habe, ich könnte es mit ausgestrecktem Arm berühren. Ich muß mich doch etwas bei der Vermessung der Piste getäuscht haben. An der Seite des Flugzeugs öffnet sich eine Tür, mehrere Gestalten klettern heraus und führen sofort einen unverständlichen Tanz um mich herum auf. Ich brauche einige Zeit, bis ich verstehe, daß es sich um meine Assistenten handelt, die mich filmen und fotografieren.

Plötzlich befallen mich tiefe Zweifel. Will ich denn tatsächlich Menschen sehen? Wer sind diese Hanswurste, die um mich herumhüpfen und ihre Apparate auf mich richten? Sie sind nur hierhergekommen, um die Stille zu zerreißen, die majestätische Ruhe um mich herum zu stören. Noch mehr Menschen kommen auf mich zu, umarmen mich, abwesend lasse ich es mit mir geschehen.

Viel später erzählt mir Judy, meine Funkpartnerin in Resolute Bay, daß ich von weitem mit meiner großen blauen Jacke, die mit einer Schnur zusammengebunden war – der Reißverschluß hatte schon vor langer Zeit seinen Geist aufgegeben –, ausgesehen hätte wie ein Pol-Penner. Ich war von Kopf bis Fuß mit Eis bedeckt, und als sie mich umarmte, hätte ich geklirrt. Sie hatte so sehr den Eindruck, ein Alupapier zu zerknüllen, daß sie meine Hände und meine Nase, die ganz weiß und gefroren war, vorsichtig berührte, bis sie schließlich an meine körperliche Anwesenheit glauben konnte.

Ohne recht zu wissen, wie und warum, sitze ich plötzlich im Flugzeug. Hier erhole ich mich langsam und fühle mich wieder ein bißchen menschlicher. Ich gebe ein Fernsehinterview, höre mich klar und deutlich antworten. Wieder einmal bin ich irgendwo, ohne wirklich anwesend zu sein, aber ich lasse es mir nicht anmerken. Ich will sie nicht mit meiner Abwesenheit erschrecken.

Nun ist Michel Franco an der Reihe mit Fragen zur weiteren Organisation. Er bekommt von mir den Eindruck eines wachen Menschen, der nur etwas entscheidungsschwach ist, als es um das Material geht, das auf meinen Schlitten geladen werden soll. Wenn er wüßte. . .! Eigentlich müßte ich ihm sagen: „Warte mal, du bist mir etwas zu schnell, mein Hirn hat das Tempo einer Schildkröte!" Aber ich bin darauf bedacht, besonders gewissenhaft und bedacht zu reagieren.

Als er mir das berühmte Karibufell anbietet, lehne ich ab. Inzwischen habe ich nämlich eine Lösung gefunden: Wenn ich die Isoliermatten in den Schlafsack stecke, erwärmen sie sich durch den Körperkontakt und erfüllen hervorragend ihren Zweck.

„Unser lieber Bezal wird enttäuscht sein, wenn er sieht, daß wir das Karibufell wieder mitbringen!" sagt Michel hämisch. Mit einem Mal, das erste Mal seit meinem Aufbruch, wird mir bewußt, daß ich in dieser weißen Hölle völlig verlernt habe zu lachen.

Unterdessen kommt der Pilot und will sich mit mir unterhalten. Es ist angenehm, mit ihm zu plaudern, nur über die Piste macht er bissige Bemerkungen. „Das nächste Mal sollten Sie einen größeren Platz suchen, diese Piste ist kaum 200 Meter lang, weniger als die Hälfte dessen, was Sie per Funk durchgegeben hatten!" Was sollte ich ihm antworten? Ich hatte mein Bestes getan. Ich habe wieder und wieder die

Das Flugzeug mit Nachschub ist da!

Schritte gezählt. Höflich entschuldige ich mich und versichere ihm, daß es keine böse Absicht war. . .

Im Flugzeug sind es fünf Grad über Null. Welch angenehme Temperatur im Vergleich zu den minus 45 Grad, denen ich seit zwei Wochen ausgesetzt bin. In dieser Wärme schmilzt das Eis in meinen Kleidern, alles ist durchnäßt. Ich ziehe mich aus. Die fürsorgliche Judy hat Handtücher in einer Thermoskanne aufbewahrt, die mit kochendem Wasser durchtränkt sind. Leider sind sie nur noch lauwarm. Aber das macht nichts, ich reinige Gesicht und Brust mit ihnen und schlüpfe schnell in die frische Kleidung.

Da erscheint auch schon wieder der Pilot: „Wir starten!" Wir sind alle starr vor Überraschung. Ich schaue auf die Uhr, es ist erst eine Stunde vergangen. Ich hatte heißen Tee in meiner Thermosflasche mitgebracht, um ihn mit der Mannschaft zu trinken. In der Eile des Aufbruchs finden wir nicht einmal dafür die Zeit. Es herrscht eine unbeschreibliche Hektik. Nachdem das Flugzeug abgeflogen ist, stelle ich fest, daß ich meine Thermosflasche in einem Winkel der Kabine vergessen habe. Es war die Flasche, in der ich tagsüber die heißen Getränke transportierte und die sich nachts in meine geliebte Wärmflasche verwandelte. Eine Katastrophe! Wie soll ich es jetzt bewerkstelligen, tagsüber etwas Heißes zu trinken zu haben und nachts etwas, das mich wärmt? Den nächsten Nachschub muß ich sorgfältiger planen, darf mich nie wieder durcheinanderbringen lassen!

Ich bleibe allein zurück mit der Erinnerung an die Gesichter und Stimmen der Menschen, die bereits eigenartig verschwommen sind. Trotz der Probleme, die sie durch meine falsche Einschätzung der Landepiste hatten, machten mir Pilot und Kopilot des Flugzeugs ein Supergeschenk: Im Anflug hatten sie fünfhundert Meter westlich vom Camp eine

Piste ausgemacht, die etwa zehn Kilometer lang ist und direkt nach Norden führt. Der Kopilot hat es mir mitgeteilt, als ob er sagen wollte: „Weißt du, das ist eine Information, die ich nur meinem besten Freund schenke!" Mir wurde gleich ganz warm ums Herz.

Als ich am 17. März wieder aufbreche, halte ich mich direkt nach Westen und hoffe, die Piste zu finden. Aber das Wetter wird schlechter, der Himmel zieht zu. Viel zu schnell bauen sich Wolkenmassen auf, gefolgt von dem verfluchten Eisnebel, gerade in dem Moment, in dem ich auf das angekündigte Gebiet stoße. Ein kurzer Sonnenstrahl durchschneidet wie ein Scheinwerfer die unbewegliche weiße Wand und läßt mich das Gebiet dahinter ahnen. Ohne etwas zu erkennen, aber voller Vertrauen laufe ich stundenlang weiter.

Ich komme schnell voran, denn hier ist es eben. Wird jetzt mein verrücktester Traum wahr? Habe ich eine direkte Route zum Nordpol entdeckt, die Route, von der Robert Peary im Buch über seine erfolgreiche Expedition 1909 erzählt („Die Entdeckung des Nordpols", Edition Erdmann, Tübingen 1981)? Ich stelle mir vor, daß irgendwo im Eisnebel ein großes Schild am Rande der Piste steht: „Willkommen auf der Pol-Autobahn. Ende des Packeises, Beginn des Arktischen Ozeans. Keine weiteren Unebenheiten mehr vor der Ausfahrt zum Nordpol."

Gegen Mittag kommt Wind auf, und ich verliere endgültig den richtigen Kurs, weil ich überhaupt nichts mehr erkennen kann. Ich muß anhalten. In Eile baue ich das Zelt auf, das schnell unter den eisigen Schneeschauern begraben wird. Wie üblich packt mich im Zelt die Wut, das stimuliert mich etwas gegen die Kälte. Es ist einfach so, daß ich nur drei Stunden gelaufen bin, obwohl ich seit gestern wieder neu

Endlich Menschen in dieser Einsamkeit

ausgerüstet bin, außerdem bin ich sauber und noch trocken, also eigentlich in optimaler Form, um weiterzugehen.

Um 13 Uhr schneit es immer noch. Die Temperatur ist erstaunlich mild. Das Thermometer im Zelt zeigt minus 23 Grad. Mir ist fast heiß, das macht fast 30 Grad Unterschied zu den minus 50, bei denen ich aufgebrochen bin. Um irgend etwas zu tun, ziehe ich meine Handschuhe aus. Ich brauche sie nicht mehr, denn meine Widerstandskraft gegen die Kälte ist seit meinem Aufbruch noch besser geworden, nackte Hände bei minus 23 Grad sind fast Routine!

Ich sollte Schlaf nachholen. Gegen 14 Uhr schlafe ich tief ein, auch das ist eine Methode, der Allgegenwart des Packeises zu entkommen. Ich träume intensiv, kann mich aber beim Aufwachen nicht an das kleinste Detail erinnern. Diese Verdrängung bleibt mir ein Rätsel; zweifellos wird es Professor Jouvet aus Lyon, einen Schlafspezialisten, mit dem ich zusammenarbeite, interessieren. Er hat mir ein Heft mitgegeben, in das ich meine Schlafzyklen, meine Wachphasen und meine Träume eintragen soll. Wenn das so weitergeht, werde ich in die letzte Spalte schreiben müssen: „Leider nichts zu melden!"

Trotzdem, ich weiß, daß mich meine Träume sehr weit wegtragen, vielleicht zu weit. Denn wenn ich zwischendurch hochschrecke, ist mir nicht bewußt, daß ich mich auf dem Weg zum Nordpol befinde. Danach falle ich wieder in einen bleiernen Schlaf wie in einen schwarzen Abgrund, es ist fast beunruhigend. Das richtige Wachwerden ist schmerzlich, als ob ich jedesmal wieder geboren würde, mit einer eisigen, sehr realen Ohrfeige und unter dem Eindruck eiskalter Bilder, die noch Traumbilder sind, aber nicht für lange!

Die drei Stunden Marsch haben mir einen Vorgeschmack auf das gegeben, was mich, so glaube ich wenigstens, zukünftig erwartet. Die Oberfläche ist steinhart und gewellt, die Buckel wiederholen sich ungefähr alle 80 Zentimeter. Im übrigen verlaufen sie nicht parallel zu meiner Richtung, das wäre zu einfach, sondern sind um etwa 15 Grad zu ihr verschoben. Das Gehen wird sehr anstrengend, denn der Ski trifft nie gerade auf das Hindernis, sondern drückt schräg auf die Seite, wo sich spiegelglattes Eis befindet und wo er ständig abrutscht. Meine Beine und meine Knöchel lieben das über alles.

Aber hinter mir ist es noch schlimmer. Der zwei Meter zwanzig lange Schlitten reitet gleichzeitig auf drei Wellen und rutscht ebenfalls ab. Am Abend tun mir der Rücken, die ganze rechte Seite und die rechte Hüfte weh, weil ich ununterbrochen mit dem Gegendruck meiner Beine die Richtung des Schlittens korrigieren mußte. Ich bin sauer. Dieses Unternehmen ist einfach mörderisch, immer nur schleppen, ziehen, rütteln. Sogar auf flachem Gelände strengt es sehr an. Wenn ich so darüber nachdenke, finde ich, daß es meiner Expedition entschieden an Eleganz fehlt. Gut, ich ziehe einen Schlitten aus extrem ausgetüfteltem Material hinter mir her, aber ich selbst habe den Status eines Arbeitspferdes oder eines Sklaven.

Dieser Widerspruch reicht noch viel weiter. Ich pendele ununterbrochen zwischen zwei Welten, zwei Entwicklungsstufen der Menschheit, die „nur" einige tausend Jahre voneinander entfernt sind. Die Konfrontation meiner Muskeln mit dem Packeis stimuliert uralte Erinnerungszonen in meinem Hirn. – Hier hat sich seit der Eiszeit nichts verändert. Aber das Vorwärtskommen wäre unmöglich ohne Carbonfaser, ohne Kommunikationselektronik, deren Komplexität zu einem anderen Erfahrungsstrang gehört.

Der Kontrast zwischen diesen beiden Universen ist faszinierend. Ich fürchte mich vor Eisbären, und zugleich wissen die Satelliten bis auf wenige Meter genau, wo ich mich befinde. Ich empfinde instinktiv Freude, wenn das Feuer in meinem Zelt aufflammt, das von Zeltstangen getragen wird, deren Material erst vor wenigen Jahren von Menschen entdeckt wurde. Diese Mischung ist merkwürdig und berauschend zugleich, es gibt Augenblicke, da Wissenschaft und instinktbedingte Wildheit in meinem Kopf aufeinanderprallen. Ich muß mich wirklich vor einer Spaltung meiner Persönlichkeit in acht nehmen. Die extremen Entbehrungen machen zuviel Nachdenken über sich selbst in der Arktis zu einer gefährlichen Sache...

Am nächsten Tag ist es wieder kalt, es hat minus 42 Grad. Die polare Autobahn hat sich in das Labyrinth von früher verwandelt, hier sind die Eisfelsen sogar noch mächtiger, manche werden acht bis zehn Meter hoch. Es ist ein schrecklicher Rückschlag für meine Moral. Die Sonne geht um sieben Uhr morgens auf und um 17 Uhr unter, aber es gibt jetzt keine Dunkelheit mehr, nachts ist es ebenso hell wie am Tag. Nach sieben Stunden Wanderung hat sich meine Stimmung gefestigt und schließlich stabilisiert. Allerdings weiß ich nicht mehr ganz genau, wo Norden ist.

In diesen Breiten kann man sich zur Orientierung nicht mehr auf den Kompaß verlassen. Man muß nach der Sonne navigieren. Das Prinzip ist einfach: Die Erde dreht sich in 24 Stunden um sich selbst. Egal, wo auf der Nordhalbkugel man sich befindet, mittags steht die Sonne immer voll im Süden, wenn man sich nach der Sonnenzeit und nicht nach der Verwaltungszeit richtet. Um sechs steht sie im Osten, um 18 Uhr im Westen und um Mitternacht im Norden.

Wenn man eine Uhr besitzt, deren Stundenzeiger in 24 Stunden einmal das Zifferblatt durchläuft (und nicht zweimal, wie normalerweise), und wenn man sie nach der lokalen Sonnenzeit gestellt hat, genügt es, die Sonne mit dem Stundenzeiger anzuvisieren. Das Zifferblatt steht dann so, daß Norden oben ist, also bei 24 Uhr. Der Süden ist unten bei zwölf Uhr. Mit einem solchen Instrument kann man, egal wo, sehr leicht navigieren.

Für diese Expedition wurde der Prototyp einer Uhr gebaut, deren Stundenzeiger einmal in 24 Stunden das Zifferblatt durchläuft. Ihr Titangehäuse ist sehr leicht, und das Uhrwerk ist in einem weiteren Gehäuse aus Carbonfaser gelagert und vom Titan durch ein Luftpolster getrennt. So können extreme Temperaturschwankungen vermieden werden. Die Uhr funktioniert großartig.

Und trotzdem, es ist eigenartig: Ich schaffe es nicht, mich auf meine Orientierung zu verlassen, die auf dem Fall der Schatten und den Messungen mit der Uhr beruht. Die Unsicherheit wiederholt sich alle 24 Stunden und dauert zwei Stunden an. Ich muß mich zwingen, weiterzugehen, und mir immer wieder sagen: „Der Nordpol ist dort vorne!" Tief in mir glaube ich mit absoluter Sicherheit, daß sich mein Ziel in einer ganz anderen Richtung befindet.

Dieser innere Kampf ist ein beängstigendes Duell, bei dem sogar die Logik falsche Informationen produziert, die dann verbissen von der Vernunft bestätigt werden. Das Bedürfnis nach der Bestätigung „Es geht hier lang und nicht anderswo", läßt mich mißtrauisch werden. Plötzlich klingelt eine Alarmglocke in meinem Kopf und hilft mir, dem zu widerstehen und in der richtigen Richtung weiterzugehen. Manchmal beunruhigen mich diese Reaktionen. Was würde passieren, wenn ich nachgebe? Komm, übertreib nicht! Alles ist unter Kontrolle, ich habe meine Gefühle im Griff! Ich werde mich nie soweit gehenlassen, daß ich auf dem Packeis im Kreis laufe.

Nur eins steht fest, ich kann es mir überhaupt nicht vorstellen, daß ich noch weitere zwei Monate hierbleiben werde.

Heute ist der 18. März. Mitte Mai soll ich ankommen, aber das ist reine Spekulation, denn tief im Innern bin ich skeptisch gegenüber meinen Erfolgschancen.

Ich habe die Puderzuckerdose geleert und benütze sie als Wärmflasche, so ist mir wenigstens nachts etwas wärmer. Tagsüber stecke ich sie ganz heiß in einen meiner Hausschuhe, um etwas Warmes zu trinken zu haben, aber das hält nicht lange, gegen zehn Uhr ist ihr Inhalt bereits gefroren. Meine Unterwäsche ist schon wieder feucht. Man kommt ganz schön ins Schwitzen, wenn man seine Zeit mit dem Überklettern von Hindernissen verbringt.

Das einzige Mittel gegen das völlige Durchnässen meiner Kleidung ist eine Kleiderbürste. Bevor ich das Zelt betrete, verbringe ich eine Viertelstunde damit, die Innenseite jedes meiner Kleidungsstücke auszubürsten. Vor allem meine Marschjacke und dann meine bequeme Hausjacke, die ich nur in Ruhepausen anziehe, in denen mich die Kälte ernsthaft attackiert.

Zuletzt kommt meine Hose dran, die sich an den Seiten mit Zwei-Wege-Reißverschlüssen öffnen läßt. Mit Hilfe des Bürstenstiels fallen all die kleinen Eisbröckchen heraus, die sich dort verstecken. Sich bei minus 40 Grad auf dem Packeis eine Viertelstunde lang mit einer Wäschebürste zu traktieren scheint vielleicht absurd, ist aber sehr wichtig. Es ist unmöglich, sich mit der vereisten Kleidung im Zelt aufzuhalten. Sogar bei gemäßigten Temperaturen entsteht durch den Dunst der Küche, des Kochers und meiner Atmung so viel Eis, daß ich den Eindruck habe, im Innern einer Gefriertruhe zu leben und zu schlafen.

Am Abend bekomme ich eine hervorragende Verbindung zum Basiscamp. Judy erkundigt sich nach meinem Wohlergehen: „Wie fühlen sich deine Beine an?" und meint damit, ob ich meine Füße erfroren habe. Sie sind der neuralgische Punkt, an dem die Polarkälte jedem Forscher zusetzt und den er ignoriert, auch wenn er so starke Schmerzen hat, daß er schreien könnte. Es stimmt, sie tun verdammt weh, vor allem die Zehen, denn meine Nägel lösen sich ab, die Haut des großen Zehs ist total rissig, überall habe ich Schrunden, die ich mit Heftpflaster zu schützen versuche.

Das Aufkleben ist ein Kreuz, man muß jedes kleine Stückchen mit dem Feuerzeug erwärmen, damit der Kleber auftaut und das Plastikmaterial biegsam wird, damit es schließlich hält. Für jeden Zeh ist ein richtiges Puzzle kleiner Pflaster nötig. Und wenn man endlich mit dem zehnten Zeh fertig ist, kann man oft wieder beim ersten anfangen, weil ein paar Stücke schon wieder abgegangen sind.

Den Trick mit der Bürste hatten mir die Finnen als „heimliche Waffe" des Polarabenteurers verraten. Sie waren bisher die einzigen, die den Nordpol ohne Hilfsmittel erreicht haben. Ihre Expedition bestand aus sechs Personen, dauerte zweieinhalb Monate und endete erfolgreich am 20. Mai 1984. Jetzt sind auch sie Mitglieder dieses sehr kleinen Clubs der Poleroberer, der 1909 gegründet wurde und seither nur zehn erfolgreiche Expeditionen zu verzeichnen hatte. Ich bewundere die Finnen sehr und besuchte sie 1984 in Helsinki, sie waren ein bißchen meine Vorbilder. Als ich mit ihnen über den Nordpol sprach, war es, als ob ich mit einem Messer in einer Wunde rühren würde. Sie haben nur schreckliche Erinnerungen daran, denn sie hatten furchtbar gelitten.

Als sie erfuhren, daß ich ebenso wie sie, auf Skiern und einen Schlitten hinter mir herziehend, zum Nordpol wollte, begnügten sie sich mit einem schwachen, aufmunternden Lächeln und sprachen dann über andere Dinge. Aber die Frau eines der Expeditionsteilnehmer nahm mich eines Tages zur Seite und sagte: „Ich will dir keine Angst machen, aber nach dem, was sie mir erzählt haben, scheint das ein derartiger Horror gewesen zu sein, daß ich nicht weiß, ob du das schaffen kannst. Sie waren eine Gruppe und konnten sich gegenseitig stützen! Ich habe das Gefühl, daß du dich verrennst."

Und genau da bin ich jetzt und stütze mich auf das Tagebuch der finnischen Expedition, um meine Fortschritte zu überprüfen. Am gleichen Tag im Jahre 1984 waren sie bei 83 Grad 54', also 12' weiter nördlich. Dieser Vorsprung beunruhigt mich nicht. Sie waren drei Tage früher und etwas weiter nördlich bei 83 Grad 20' aufgebrochen. Das Flugzeug hatte sie direkt auf dem Packeis abgesetzt, um ihnen die ersten 40 Kilometer auf dem Ice Shelf zu ersparen. Die Krümmung unserer Routen führt aufeinander zu, und wenn ich im selben Tempo vorankomme, dürfte ich um den 27. März herum auf ihre Position treffen. Um so besser. Ich marschiere schneller als sie, und das ist meine einzige Chance, den Nordpol zu erreichen.

Heikki Jartvinen, der mich in Helsinki empfangen hatte, machte mich auf den letztmöglichen Termin, den 15. Mai, aufmerksam. „Wir haben den Nordpol am 20. Mai erreicht, es war eine Woche zu spät, wegen des Eisbruchs. Im Packeis gab es derart viele Risse und Stücke, die nur dünn überfroren waren, daß wir aus Sicherheitsgründen oft nur noch angeseilt marschiert sind. Häufig ist das Eis unter dem ersten Mann eingebrochen. Einmal fiel er sogar ins Wasser und konnte nicht mehr alleine herausklettern. Wir mußten ihn schleunigst mit dem Seil herausziehen."

Es ist natürlich offensichtlich, daß ich mich allein nicht andauernd selbst absichern kann. Folglich muß ich früher ankommen. Ich habe mir den 9. Mai vorgenommen, das sind zwei Monate insgesamt. Nach meinen Routenberechnungen ist das nicht unmöglich, natürlich unter der Voraussetzung, daß der Zustand des Eises besser wird und nicht allzu oft Stürme aufkommen. Nach all den Informationen, die ich in Kanada und bei den Arktis-Piloten bekommen habe, müßte ich das Chaos schon verlassen haben und mich vor flacherem Gebiet befinden. Aber es ist nichts in Sicht.

Das geht mir nicht aus dem Kopf. Vielleicht laufe ich auf einem großen Streifen von Eisauffaltungen, die durch den Zusammenprall komplexer Kräfte des arktischen Packeises entstanden sind, das hier durch die Insel Ellesmere, dem äußersten Punkt des nordamerikanischen Kontinents, vom Kurs abgebracht wurde. Ich bin verwirrt. War es die richtige Wahl, von Ward Hunt Island auf dem 74sten westlichen Längengrad aufzubrechen? Es ist der Meridian des Startpunkts der Finnen. Ich werde Michel Franco per Funk bitten zu versuchen, Satellitenaufnahmen vom Packeis zu bekommen. Das ist schwierig, denn bei dem häufig vorkommenden Nebel erscheint das weiße Packeis nicht auf den Fotos. Man sieht eigentlich nur die großen Bruchstellen und junges Eis, das sich durch einen graublauen Farbton abhebt. Mir bleibt nichts anderes übrig, als auf dem direkten Weg geradeaus weiterzumarschieren und mit dem Grübeln aufzuhören.

Im Grunde ist das, was mich eigentlich stört und an meiner Route zweifeln läßt, die Tatsache, daß ich die Position der amerikanischen Expedition unter Will Steger nicht kenne. Gleichzeitig mit mir sind acht Amerikaner mit fünf Hundegespannen unterwegs zum Nordpol. Ich weiß, daß sie die Küste am 8. März verlassen haben, etwa 50 Kilometer weiter im Westen. Sie sind zwei Tage vor mir aufgebrochen, müßten also vor mir sein, aber ich kenne ihre Position nicht. In

Resolute, wo sie ihr Basiscamp im Büro der Bradley Air Company eingerichtet haben, zirkulieren keine Informationen. Ich stelle mir immer wieder vor, wie sie weiter westlich auf einer glatten Piste ihre Hunde antreiben, auf das Gelobte Land zu.

Es ist eine große, gut organisierte Expedition mit amerikanischer Unterstützung. Wahrscheinlich bekommen sie auch bessere Informationen über den Zustand des Eises. Los, weiter, Papy, kümmere dich nicht um die anderen. Mach weiter, zieh deinen Schlitten, jeder nach seinen Möglichkeiten, seiner Wahl, seiner Marschtechnik. Und hör endlich auf mit den miesen Gedanken, es gibt kein französisches und kein amerikanisches Packeis! Der arktische Ozean ist für alle gleich, er ist schwierig, unzugänglich und unerbittlich.

Manchmal fühle ich mich sehr verletzlich. Dann überfallen mich immer wieder Zweifel. Es gibt Augenblicke, in denen ich bereue, mich nicht mit einem einfacheren Ziel begnügt zu haben, mit dem magnetischen Nordpol zum Beispiel. Da hätte ich gute Aussicht auf Erfolg gehabt, aber es wäre ein minderwertiges Ziel gewesen.

Der magnetische Nordpol befindet sich 350 Kilometer von Resolute Bay entfernt. Die Strecke führt über mehrere Inseln, wo das Meer bei ruhigem Wasser gefroren ist, im Schutz vor den Strömen der Abdrift. Das Eis ist meist eben. 1500 Kilometer trennen die beiden Pole. Der Winkel, den die Magnetnadel des Kompasses mit dem geographischen Nordpol bildet, mit dem imaginären Punkt also, an dem die Achse der Erdrotation durchführt, nennt sich Deklination. Da wo ich mich befinde, beträgt sie neunzig Grad und schwankt sehr stark, was die Genauigkeit des Kompasses stark reduziert. Deshalb benütze

ich dieses Navigationsinstrument nur im äußersten Notfall.

Es ist der 18. März. Ich laufe seit zehn Tagen und habe erst
65 Kilometer geschafft. Hätte ich früher aufbrechen müssen?
Im besten Fall hätte ich vier Tage gewinnen können. Denn
die Sicht ist bis Ende Februar sehr schlecht und unzureichend
für eine Landung auf dem Packeis. Bei sehr guter Wetterlage
sind die Piloten meist bereit, einen ab dem 5. März zum
Ausgangspunkt zu bringen. Nur in diesem sehr kurzen Zeitraum von zwei Monaten ist es möglich, den Pol über Land
zu erreichen
   Zwei Monate sind verdammt kurz, aber es müßte klappen.
Ich habe aus meinem ersten Versuch im letzten Jahr gelernt.
Wenn ich nicht mit 50 Kilo ebenso leichtem wie hochent-
wickeltem Gepäck durchkomme, werde ich es nie schaffen.
Damals habe ich mit 85 Kilo Last 16 Tage durchgehalten. Es
war verrückt! Nach 52 Kilometern hatte mich der Schlitten
in eine Spalte gerissen. Ich war an der linken Schulter ver-
letzt, ein Ski war gebrochen, ich hatte Erfrierungen an den
Fingern und mußte aufgeben. Ein Rettungsflugzeug schaffte
es, etwa 800 Meter von mir entfernt zu landen. Mich umgab
ein solches Chaos, daß ich nur das leuchtende Oberteil des
Leitwerks der zweimotorigen Maschine sehen konnte. Ich
brauchte mehr als eine Stunde, um das Flugzeug mit dem
Gepäck, das ich mitnehmen wollte, zu erreichen. Als ich
endlich angekommen war, öffnete der Pilot das Fenster seiner warmen Kabine und warf mir ein fragendes und ver-
ächtliches „Probleme?" zu, das mich vollends aus der Fassung brachte.

Der Blizzard greift an

Am Mittwoch, den 19. März, kommt ein heftiger Sturm auf und verschlechtert die Sichtverhältnisse so sehr, daß mir jede Lust aufs Weitergehen vergeht. Ich vergrabe mich in meinem Schlafsack. Weil ich nicht andauernd schlafen kann, versuche ich zu schreiben, nachzudenken, Musik zu hören. All diese Aktivitäten lenken mich von den negativen Gedanken ab, die sich in meinem Hirn breitmachen. Die Einsamkeit in meinem Zelt führt zu einem Zustand völliger Apathie, aus dem ich gelegentlich ruckartig erwache. Diese Phasen totaler Abwesenheit beunruhigen mich. Ich kann sie nicht einschätzen, weiß nicht, ob sie zehn Minuten oder mehrere Stunden dauern. Manchmal habe ich Angst, daß meine Wachsamkeit und meine Motivation sich durch die Verlockung dieses „mentalen Komas" auflösen könnten.

Plötzlich packt ein heftiger Windstoß mein Zelt und hebt es hoch. Ich zittere am ganzen Körper und bin zugleich wie gelähmt. Ich stelle mir vor, daß es zerrissen und davongetragen wird, daß ich schutzlos bei minus 40 Grad den mit Eisnadeln gespickten Windböen ausgesetzt bin, die mit einer Stundengeschwindigkeit von 80 Kilometern über mich hinwegrasen. Das wäre ein sehr schneller Tod.

Aber das Zelt steht, das Lager hält stand, und ich fasse langsam wieder Mut. Ich bekomme Lust auf Musik. Nachdem der Walkman schon die ganze Zeit langsam auf der Wärmflasche schmilzt, müßte er jetzt einsatzbereit sein. Ich habe nur vier Kassetten mitgenommen: von Dire Straits, J. J. Cale, Ry Cooder und Véronique Sanson. Ich höre sie schon seit Jahren und kenne jedes Stück auswendig. Sie stehen für vier wichtige Markierungspunkte in meiner Vergangenheit.

In meiner Erinnerung verbinden sie sich mit Gegenden

oder Städten, in denen es warm ist, wo ich unter normalen Leuten gelebt habe. Im Schneesturm die Stimme von Véronique Sanson zu hören, weckt glückliche Bilder in mir, ich denke an eine geliebte Frau, die seit acht Jahren leidenschaftlich meine Abenteuer teilt und stets unter meiner Abwesenheit leidet. Unsere Beziehung kennt allerdings keinen Alltagstrott, denn unser gemeinsames Leben besteht aus einer Kette von Begegnungen und Trennungen.

Ich nehme die Reaktionen meines Körpers auf die Kälte immer besser wahr. Sobald ich die Wärme meiner Füße nicht mehr spüre und mein ganzer Körper von einem zunehmenden Krampf und dem dringenden Bedürfnis zu urinieren erfaßt wird, weiß ich, daß mein Körper gegen die Kälte ankämpft. Physiologisch gibt es eine normale, dauernde Kontraktion der Muskeln, die dazu dient, daß wir aufrecht stehen können und die auch im Liegen und Schlafen zum Teil aufrechterhalten wird, damit eine minimale Körperwärme erhalten bleibt. Wenn die nicht ausreicht, gibt der Körper diesem Muskelsystem das Signal, sich zu verkrampfen. Das beginnt mit Zittern, mit heftigen Zuckungen und kann in schmerzhafte Krämpfe übergehen.

Klagen darüber finden sich übrigens in jedem Bericht von Arktisexpeditionen. Es erleichtert solche Beschwerden, wenn man uriniert, aber es gehört ein beispielloser Willensakt dazu, sich aus dem Schlafsack zu schälen. Am Nordpol wird sogar das Pissen zur Selbstüberwindung. Wenn man dann endlich kniet und nur noch Waden und Füße warm im Schutz des Schlafsacks stecken, beginnt eine Operation, die völlige Kontrolle verlangt.

Das erste Risiko: Eilig greift man nach einem Topf, bis man schließlich – zu spät – bemerkt, daß es der Essensnapf war, der dem Pinkeltopf gleicht. Die beiden müssen nämlich aus Gewichtsgründen und wegen Platzmangels im Schlitten ineinandergesteckt werden.

Die zweite Gefahr: Man hat das richtige Gefäß gewählt, denn um das gerade Beschriebene zu vermeiden, hat man den Nachttopf abseits unter der Zeltapsis verstaut. Man kann sich also ohne besonderen Streß erleichtern. Plötzlich fällt einem etwas Flüssiges und abscheulich Eisiges zwischen die Beine und in die warmen Schlafsäcke. Erklärung: Durch die Wärme des Urins ist ein Stück Eis am Gefäßboden geschmolzen und schließlich abgefallen. Hier gibt es auch noch eine Variante: Man verliert die Kontrolle über Verlauf und Richtung des Urinstrahls. Die Konsequenzen sind schwerwiegend. Sofort gefriert der Urin zu Eis, das sich am Zeltboden festsetzt und mühsam abgeschabt werden muß.

Drittes Risiko: Mitten in der Polarnacht findet man im Halbschlaf das Gefäß, dessen Boden man am Abend vorher sehr sorgfältig saubergemacht hat, bevor man es im Zelt aufgestellt hat. Angespannt bereitet man sich darauf vor, dort hinein zu urinieren. Welch eine Überraschung, alles läuft hervorragend. Jetzt muß nur noch der Inhalt des Gefäßes nach draußen geschafft werden! Mit einer Hand macht man sich am Reißverschluß des Zeltes zu schaffen, in der anderen balanciert man den Topf. Es wäre schrecklich, wenn man jetzt noch etwas ausschütten würde: Am Boden wäre ein Mini-Eisblock aus Urin, an dem man stundenlang mit dem Messer kratzen müßte.

Aber offensichtlich klemmt der Reißverschluß, er ist derart gefroren, daß man ihm mit dem Feuerzeug zu Leibe rücken muß. Diese komplizierte Aktion erfordert zwei Hände, man ist also gezwungen, das Gefäß auf den Zeltboden zu stellen. Mit den vereisten Handschuhen konnte schon vorher der Urinstrahl nur schwer in die richtige Richtung gebracht werden, und jetzt soll man Feuerzeug und Reißverschluß damit in Aktion bringen...

Trotz allem gelingt es schließlich, den Widerstand des Eises zu brechen, der Reißverschluß gibt nach, endlich kann man das Gefäß nach draußen bringen. Aber was ist nun los? Es läßt sich partout nicht vom Boden heben. Nur ruhig bleiben, mit Gewalt riskiert man nur, daß ein Stück des Zeltbodens mit herausgerissen wird. Aber was ist passiert? Urin und Metall sind abgekühlt, und die Wassertropfen durch den Kontakt zum Boden am Stoff festgefroren. Die Haftung von Gefäß und Zeltboden ist außerordentlich stark. Um das Gefäß loszueisen, muß man es mit dem Messer ganz vorsichtig vom Boden trennen. Jedes Abrutschen hieße, den Zeltboden zu verletzen, der bei minus 40 Grad sowieso schon brüchig ist und knirscht.

Mit dem angenehmen Gefühl, sich selbst und die feindlichen Elemente besiegt zu haben, steigt der Überlebenskünstler in den Schlafsack. Er hat es geschafft, er hat gepinkelt.

Ausdauer, Beharrlichkeit, Besessenheit, Geduld, das ist mein Leitmotiv am 20. März, den ich wegen des Blizzards ebenfalls im Zelt verbringe. Einzig die Temperatur entwickelt sich in positivem Sinne, heute früh sind es im Zelt nur minus 30 Grad.

Die erzwungene Ruhepause tut meinen stark beanspruchten Muskeln nicht gut. Alle Sportler kennen dieses Phänomen, vor allem die Radrennfahrer, die zum Beispiel während der Tour de France auch an freien Tagen eine kleine Trainingsrunde einlegen, um die Muskeln nicht zu sehr zu entwöhnen. Zwei Tage im Liegen zu verbringen, ist schlecht für den Körper, denn danach ist es um so schwerer, wieder aufzubrechen. Das heißt, falls es einen Aufbruch geben wird. Alles hängt nun von den Launen des Blizzards ab.

Überall Eis

Besonders bequem ist es im übrigen auch nicht. Vom Liegen auf dem harten Eis habe ich Rückenschmerzen, und meine dünne Matratze, die aus den zwei Isomatten besteht, kann daran nicht viel ändern. Zu allem Überfluß schmilzt das Eis mit der Zeit und senkt sich, weil der Körper es erwärmt, und nach einigen Stunden sind Hinterteil und Schultern eingesunken. Gestern abend hatte ich einen Buckel direkt unter meinen Schenkeln, wo das Eis nicht so stark geschmolzen war. Er ist heute morgen immer noch da. Es kommt mir sogar vor, als ob ich noch weiter eingesunken sei, mein ganzer Körper ist wie ins Packeis gegossen. Einige Mal habe ich versucht, meine Lage zu ändern, mich auf die Seite zu legen, aber das war noch schlimmer, weil alle Unebenheiten noch mehr gedrückt haben.

Gegen Mittag durchbricht plötzlich ein schwacher Sonnenstrahl das Grau und die Attacken des Unwetters. Ich stürze zu meinen Skiern, greife mir einen und stecke ihn als Markierung für den Norden senkrecht in den Schnee. Es war höchste Zeit. Die Windstöße werden heftiger, die Sicht verschlechtert sich wieder. Aber ich habe gewonnen, ich weiß, in welche Richtung die Route zum Pol führt.

Ich beschließe, etwas vom Camp wegzugehen, um nach einer Passage zu suchen. Es ist das erste Mal, daß ich mich so weit entferne, bis ich Zelt und Schlitten nicht mehr sehen kann. Das ist schwer auszuhalten, und schon nach den ersten paar Schritten drehe ich mich um. Hinter mir ist nichts mehr, nur eine weiße, von Windböen bewegte Wand. Zum Glück zeichnen sich meine Fußspuren gut im harten Schnee am Boden ab und verwischen sich nicht. Ich kann auf ihnen zurückgehen. Sobald ich einen kleinen Zipfel des Zeltes erspähe, traue mich etwas weiter vor, über meine vorherigen Spuren hinaus. Ich fühle mich wie ein junger Vogel, der sein Nest verläßt, oder wie ein kleines Kind, das sich das erste Mal von seinem Heim entfernt. Eine schreckliche Angst davor, mich zu verlaufen, weder Zelt noch Schlitten wiederzufinden, im Sturm umherzuirren, bis ich erfriere, peinigt mich.

Die Wetterbedingungen sind scheußlich, aber lieber gehe ich weiter, als 30 Stunden unbeweglich im Zelt zu hocken. Ich baue mein Camp ab, lade alles auf den Schlitten, lege das Zelt zusammen und packe den Schlafsack darauf. Zum Schluß kommt meine rote Schutzplane, die ganz klein zusammengefaltet ist. Alles ist gut festgezurrt, es kann losgehen.

Zweieinviertel Stunden sind vergangen, denn unter den mit Eiskristallen geschwängerten Windböen kann ich mich nur langsam und vorsichtig bewegen und nur sehr sorgfältig mit der Ausrüstung hantieren, die bei diesen niedrigen Temperaturen wie Kristall bricht. Ich weiß nicht, wie sich die Carbonfaser meiner Zeltstangen unter solchen Bedingungen verhalten wird, deshalb ziehe ich sie Zentimeter um Zentimeter aus ihren Stoffschlaufen, bevor ich sie der Länge nach im Schlitten verstaue. Zuletzt hole ich meinen Ski, der herausfordernd zum Pol zeigt, und marschiere auf den Spuren meiner vorherigen ängstlichen Erkundungsgänge los.

Urplötzlich bricht um mich herum die Hölle los, der Blizzard verdoppelt seine Kraft. Solch ein extremes Unwetter habe ich noch nie erlebt. Es ist unmöglich weiterzugehen. Ich versuche noch 50 Meter weiterzumarschieren, gebe aber auf. Ich muß wieder von vorne anfangen, zwei Stunden lang dieselben Handgriffe, diesmal nur umgekehrt. Eine grandiose Tagesbilanz: vier oder fünf Stunden Packen und wieder Aufbauen für ganze 100 Meter!

Freitag, der 21. März, ist ein sehr schöner Tag. Bei 35 Grad unter Null scheint die Sonne herrlich. Der Blizzard der letzten zwei Tage hat alles mit einer dicken, weißen Pulverschneeschicht bedeckt, auf der die Skier schlecht gleiten. Ich ziehe keinen Schlitten sondern einen Pflug. Ich laufe von acht Uhr morgens bis drei Uhr nachmittags, sieben Stunden Anstrengung in einem apokalyptischen, grandiosen Gelände.

Der Blizzard ist ein korrosiver Wind. Von den großen Eisblöcken schleift er viele kleine Kristalle ab und führt sie mit sich. Schließlich treibt er eine ganze Armada winziger Eisgeschosse mit erheblicher Geschwindigkeit vor sich her, die jedes Hindernis zerfrißt. Das Packeis sieht danach aus, als sei es von Dämonen mit langen Krallen verwüstet worden. Die gleichmäßigen Wellen des Eises sind zerstört. Kalter Pulverschnee hat sich hinter jedem Hindernis angesammelt. Hier bleibt der Schlitten immer wieder stecken.

Am nächsten Tag die gleichen Bedingungen. Die Anstrengung nimmt monströse Ausmaße an. Am 22. März packen mich abends, kaum daß ich mich hingelegt habe, heftige Krämpfe. Es sind die Muskeln, die innen an den Schenkeln sitzen und die Drehung nach innen lenken. Die Schmerzen ähneln fast den Symptomen von Wundstarrkrampf. Ich bäume mich auf und schreie laut. Dann hört es wieder auf.

Eine zweite Attacke erwischt mich beim Essen. Ich schreie und lasse alles fallen. Aber wie durch ein Wunder verschütte ich nichts. Die Suppe wäre, wie der Urin, sofort am Boden gefroren, mit all den bekannten Folgen. Mein Zelt ist mein einziger Unterschlupf, es ist wie eine Verlängerung meiner selbst. Ich habe fast ebensoviel Angst, es mit meinem Messer zu zerreißen, wie ich die Schmerzen in meinem Körper fürchte.

Andere Beschwerden plagen mich ebenfalls: Mein rechter Daumennagel und der Zeigefinger sind in sehr schlechtem Zustand. Der Nagel hat trotz aller Pflege die Tendenz, endgültig abzureißen, und am Zeigefinger behindern mich tiefe Risse beim Greifen. Es tut zwar nicht sehr weh, die Skistöcke zu halten, aber die kleinen Bewegungen, wie das Öffnen und Schließen des Reißverschlusses oder das Anzünden des Feuerzeugs, sind extrem schmerzhaft.

Meine Flickarbeiten an den Handschuhen werden dadurch nicht leichter. Regelmäßig zerreißen sie am Kocher oder an den Skistöcken. Ein kleines Loch im Handschuh bringt bei diesen Temperaturen einen eiskalten, unangenehmen Luftstrom. Ich habe ein winziges Nähzeug dabei, eine Nadel und einen Faden. Oft sehe ich nicht gut genug, um das Nadelöhr zu finden, dann gehe ich unter die Apsis, wo es etwas heller ist. Immer wieder führe ich reflexartig dieselben Handgriffe aus: Ich feuchte das ausgefaserte Fadenende an, damit die einzelnen Fädchen zusammenhalten.

Vom Zeitpunkt, an dem ich ihn so anfeuchte, bis zu dem Moment, ihn durch das Öhr zu stecken, hat sich am Ende bereits ein großer Eispfropf gebildet, der nicht mehr durchs Öhr... also alles wieder von vorn.

Kurz vor meinem abendlichen Gespräch mit Resolute Bay versinke ich in einen intensiven Traum. Ich befinde mich unter einem leuchtenden Dom, dessen silikonartiges Material den niedrigsten Temperaturen widerstehen soll. Es ist ungeheuer angenehm drinnen, denn ich besitze einen Heizlüfter, der von einem kleinen Atommotor angetrieben wird.

Michel Francos Stimme reißt mich aus dieser glückseligen Illusion, er bringt gute Neuigkeiten. Gestern habe ich nach Auswertungen des Satelliten acht Meilen, also 14 Kilometer, geschafft, ein beachtliches Ergebnis.

Am Sonntag, den 23. März, dem Tag vor dem Nachschub, kommt wieder Sturm auf. Auszug aus dem Tagebuch: „23. März. Schlechtes Wetter, ich sitze im Zelt fest. Der Wind bläst heftig von West/Südwest, Geschwindigkeit 30 Knoten mit sehr starken Böen. Die Temperatur ist auf minus 30 Grad gestiegen." Letztes Jahr habe ich eine so schnelle Abfolge von Tiefdruckgebieten nicht erlebt. Ich warte auf das Flugzeug, das eigentlich morgen landen müßte, wenn das Wetter umschlägt und wenn der Pilot die Piste akzeptiert, die der Wind heute nacht komplett ramponiert hat.

Seit Anfang der Woche nehme ich immer dasselbe Abendessen zu mir: gefriergetrocknete Languste mit Spinat. Michel hat in Resolute Bay einfach die ersten acht Päckchen genommen, die oben auf dem Stapel lagen, ohne sie mit anderen Mahlzeiten zu mischen. Languste mit Spinat schmeckt gut, aber nach einer Woche läßt das Vergnügen daran etwas nach. Dabei habe ich eine große Auswahl anderer Gerichte: Boeuf

Bourgignon mit Nudeln, Kabeljau in Fenchel, Lachs, Hühnchen mit Curryreis...

Der Wind wird stärker, aber ich mache mir noch keine Sorgen um das Zelt. Ich verbringe einige Zeit mit Bürsten. Der Dampf meiner Atmung und der warmen Gerichte bedeckt alles mit einem dünnen weißen Film, den ich alle zwei oder drei Stunden abzukratzen versuche. Seit einiger Zeit stelle ich mir auch keine existentiellen Fragen mehr über Sinn und Unsinn des Hierseins. Wenn ich die zwei Monate bis zum 10. Mai durchhalte, kann noch vieles passieren. Müde frage ich mich, ob ich nicht bereits an Mangelerscheinungen leide oder irgendeine andere Krankheit ausbrüte, die mich heimtückisch überfallen könnte. Ich werde Multivitamine einnehmen.

Der Wind wird immer stärker, er ist sehr heftig, ungefähr 45 bis 50 Knoten. Dummerweise habe ich das Zelt nicht im Windschutz eines Eisblocks aufgebaut. Es steht ungeschützt im Sturm, der von allen Seiten daran rüttelt. Ich kann nichts anderes tun als schlafen, in der Hoffnung, daß alles gut hält. Der Lärm ist unbeschreiblich, ein tiefes Heulen, begleitet vom kratzenden Schaben des Hagels auf dem gespannten Zeltstoff.

Der Sturm wütet die ganze Nacht, manche Böe erreicht wohl 100 Stundenkilometer. Ich höre sie kommen wie das Donnern eines Gewitters. Wenn sie über mich hinwegfegen, bete ich, daß das Zelt nicht reißt. Bei jedem neuen Geräusch mache ich einen Satz und konzentriere mich darauf, zu erraten, was jetzt wieder passiert. Manchmal überwältigt mich die Angst und mit ihr ein Gefühl des Scheiterns, als ob der arktische Ozean mich verachten würde, mich, der ich während der zwei Jahre meiner Vorbereitung versucht habe, seine Freundschaft zu gewinnen.

Für den Nachschubflug morgen sieht es nicht gut aus, wenn der Wind nicht aufhört. Bloß nie wieder das Zelt in offenem Gelände aufbauen, das ist Selbstmord! Obendrein machen sich erste Anzeichen eines Durchfalls bemerkbar, was mir das Leben ernsthaft erschweren könnte, wenn der Wind sich nicht legt. Denn dann ist es unmöglich, das Geschäft draußen zu verrichten.

In diesem eisigen Wirbelsturm fühle ich mich ganz klein. Ich bin einmal um das Zelt herumgegangen, um die Zerstörungen der Nacht zu sichten: Auf den ersten Blick haben alle Nähte gehalten.

Ich erwarte ein Gespräch mit Resolute Bay um sechs Uhr dreißig, und ich werde ihnen sagen müssen, daß sie besser nicht kommen. Ich habe Angst, daß die Antenne bricht, sie wird derart hin und her gebeutelt. Wann wird das endlich aufhören?

Gestern abend hat Michel meine Position bestätigt. Ich habe 83 Grad 56' nördlicher Breite erreicht, und nicht den 84sten, den ich mir für den Nachschubtermin vorgenommen hatte. Seit meinem Aufbruch bin ich 50 Meilen in 52 Marschstunden gelaufen, also eine Meile pro Stunde, das heißt, einen Knoten. Ein guter Schnitt, wenn man den Eisnebel und das katastrophale Eis im ersten Stück bedenkt.

7 Uhr: Die Kommunikation ist gut. Sie werden nicht kommen, aber am Funk in Bereitschaft bleiben. Bei mir bläst der Wind munter weiter. Wohin soll das führen? Sind mein Mut und meine Geduld bereits so verschlissen, daß der Wind mir noch stärker erscheint? Ich weiß es nicht, aber meine Situation ist ziemlich unsicher. Wenigstens habe ich noch Nahrung und Benzin für drei bis vier Tage.

11 Uhr: Der Wind ist immer noch extrem stark. Ich mußte nach draußen, um eine Schneemauer um das Zelt zu bauen. Sie schützt mich etwas und hält die reißenden Schläge der

Windböen vom Zeltstoff fern. Wann wird es sich beruhigen?

17 Uhr: Ich hatte meine erste, wenn auch kurze Funkverbindung mit einem Flugzeug der Air France. Mein Gesprächspartner war wenig erbaut von meinem Abenteuer, und der Dialog blieb eher nüchtern: „Welche Temperatur haben Sie? Windgeschwindigkeit? Welche Position? Danke! Auf Wiederhören!" Ich glaube, er hatte weder richtig verstanden, mit wem er sprach, noch verstanden, was ich da unten treibe. Aber es war das erste Mal, daß in diesem Sektor ein Funkkontakt zwischen einem Linienflugzeug und einem so kleinen Sender wie meinem zustande gekommen ist. Eine wichtige Information für alle Fluglinien auf der Route Europa-Japan im Falle einer Notlandung auf dem Packeis.

20 Uhr: Der Wind hat immer noch nicht nachgelassen, aber nachdem er in Ward Hunt Island schwächer geworden ist, müßte er eigentlich abends auch hier aufhören. Der Rhythmus meiner Tage und Nächte fließt seit 48 Stunden ineinander über. Ein heftiger Drang, meinen Darm zu entleeren, befällt mich. Normalerweise macht sich dieses Bedürfnis jeden Morgen beim Aufwachen bemerkbar. Bei diesem Wetter ist es aber unmöglich, dieses Geschäft draußen zu erledigen.

Dazu benutzt man am besten einen Plastikbeutel. Ich hocke mich unter die Apsis und vergrabe dann die Exkremente draußen, um nicht den überempfindlichen Geruchssinn der Bären zu wecken. Sie könnten mich bis zu zehn Kilometer weit riechen! Unter normalen Bedingungen dauert diese Aktion einige Sekunden. Eine Verstopfung wäre hier eine Katastrophe. Man kann seinen Hintern nicht allzu lange in den Wind halten. . . Um dem zuvorzukommen, trinke ich viel, und meine Nahrung ist mit Kleie angereichert. Als ich alles beendet habe, kuschle ich mich wieder in die feuchte Wärme meines Schlafsacks.

Hoffentlich wird das Flugzeug landen können! Meine Kleidung ist völlig durchnäßt und mit Eis überzogen. Nachdem ich vier ganze Tage und acht Nächte im Schlafsack verbracht habe, bin ich sicher, daß er mindestens zwei Kilo Eis gespeichert hat.

Frische Eisbärenspuren im Eis

Beim Aufwachen am Morgen des 25. März wundere ich mich fast, daß ich noch lebe. Doch der Blizzard ist bald nur noch eine böse Erinnerung. Es ist warm, minus 24 Grad, und der Himmel ist verhangen. Wir haben den Nachschubflug auf den nächsten Tag verschoben. Die Sonne dringt kaum durch den Eisnebel, aber es reicht, um sich wieder auf den Weg zu machen. Zwischen den eisigen Nebelwänden komme ich relativ schnell voran. Ich muß weiter, ich habe schon zuviel Zeit verloren.

Ich durchquere ein sturmgepeitschtes Meer, die Oberfläche des Packeises ist wild zerfurcht. Der Wind läßt nach, und am Nachmittag klart es auf. Gut für den Nachschubflug, aber andererseits ist der Boden derart uneben, daß ich mich frage, ob Ross, der beste Pilot der Bradley Fluggesellschaft, es schaffen kann, hier zu landen.

Als ich um einen Eisblock biege, zieht etwas Eigenartiges auf dem Eis meinen Blick an. Ich gehe näher heran, knie mich hin, und auf einen Schlag verstehe ich, was das ist. Deutlich sind vier Tatzen zu erkennen. Die kleinen Schwimmhäute zeichnen sich klar ab, die Krallen stechen scharf hervor. Irgendwo hier müssen zwei Eisbären sein, die in westsüdwestliche Richtung gegen den Wind laufen.

Noch bevor mein Geist die Gefahr realisiert hat, reagiert mein Körper: Ich zittere vor Angst. Dies hält zehn Minuten an, ohne daß ich irgend etwas dagegen machen kann, obwohl ich meinen ganzen Willen aufbringe, um es zu unterbinden. Ich überlege blitzschnell: Wo können die Bären jetzt sein? Wenn man den Blizzard der letzten zwei Tage berücksichtigt, der alte Spuren verwischt hätte, müssen diese hier frisch sein. Die Bären sind also in der Nähe. Es ist sogar gut möglich, daß sie mich schon gewittert haben, daß sie mich umkreisen, denn ihr Geruchssinn ist wie gesagt sehr empfindlich. Dagegen sind ihre Augen eher schlecht, sie sind kurzsichtig.

Ich halte an, um zwischen den zwei größten Eisblöcken, die ich finden kann, mein Lager aufzuschlagen. Das Zelt bedecke ich zur Tarnung mit Schnee, auch wenn ich mir über die Wirkung keine Illusionen mache. Egal was ich tue, mein Geruch wird sie anziehen.

Ich bin heute zehn Stunden gelaufen, nach der Angst vor dem Sturm ist jetzt die Angst vor den Bären dran. Der Nordpol schont wirklich niemanden, der sich ihm nähert. Die Nacht ist voll von Wahnvorstellungen, beim kleinsten Geräusch schrecke ich hoch. Ich habe Resolute über Funk informiert, aber das hilft mir auch nicht über die Nacht.

Langsam wird es zur Gewohnheit: In der polaren Morgendämmerung jeden Tages bin ich immer wieder überrascht, daß ich noch lebe. Mit dem unangenehmen Gefühl, daß zwei Bären auf mich lauern, baue ich das Zelt in Rekordgeschwindigkeit ab und breche zur Suche nach der Landepiste auf. In der Energie, die mich wortwörtlich antreibt, verbinden sich Angst und Überlebenswille zu einer unglaublichen Kraft. Es ist erstaunlich, wozu ein Mensch fähig ist, wenn er in die Enge getrieben wird. Ich suche fünf Stunden nach einem passenden Gelände. Natürlich ist mein Schlitten, wie vor jedem Nachschub, ziemlich leicht, aber ich bin zehn

Kilometer auf dem Packeis gelaufen, obwohl ich mehrmals unter großer Angst angehalten habe, um das Gelände für die Landung zu vermessen. An diesem Tag scheint mein Schlitten hinter mir über den Schnee zu fliegen. Wenn die Bären weiterhin auf mich Jagd machen, werde ich wohl vor ihnen den Nordpol erreichen. Witzelnd versuche ich meine tiefsitzende Angst ins Lächerliche zu ziehen, unterdrücke sie bis zur Grenze des Aushaltbaren. Aber der Nachmittag ist fast vorbei, und ich habe immer noch keine passende Piste entdeckt.

Schließlich findet sie der Pilot. Als das Flugzeug um fünf Uhr am Nachmittag landet, ist das für mich wie ein Wunder, ich hatte nicht mehr daran geglaubt. Michel Franco kommt mir als erster mit einem wahren Arsenal von Waffen entgegen. Bei seinem Anblick packt mich ein irres Lachen, das aber schnell erstarrt, weil die Eisschicht mein Gesicht schmerzhaft zerkratzt. Er hat ein Gewehr mit Zielfernrohr mitgebracht, außerdem die 44er Magnum, die ich im letzten Jahr dabei hatte. Unter dem Arm trägt er eine Munitionsschachtel mit großen, fingerlangen Patronen für das Gewehr und einen kleinen Plastikrevolver, eine Art Schreckschußpistole. Wenn ich an Stelle der Eisbären wäre, würde ich bis zum Südpol flüchten, um dem zu entkommen.

Sie erzählen, daß sie nach meinem Funkspruch im Basiscamp Kriegsrat abgehalten haben. Anwesend waren die Mitglieder meiner technischen Mannschaft, halb tot vor Angst, Bezal, der fest daran glaubte, daß die Bären mich in der Nacht sicher besuchen würden, was natürlich nicht sonderlich weiterhalf, und der Vertreter des Polizeichefs von Resolute Bay.

Im Koffer des letzteren befand sich meine 44er Magnum, da ein neues Gesetz das Tragen von Faustfeuerwaffen auf kanadischem Territorium verbietet. Er weigerte sich energisch, sie Michel Franco zu übergeben, weil ich die Grenze Kanadas, die 200 Meilen von der Küste enfernt liegt, noch nicht passiert hatte. Zum Glück tauchte in diesem Augenblick mein Freund Norman auf, der Vorgesetzte dieses Polizisten, und machte dem Palaver ein Ende: „Er muß seine 44er unbedingt haben, sonst wird er aufgefressen!"

Während das Fernsehteam mich filmt, sagt Michel: „Papy, du mußt unbedingt eine Waffe haben, es ist wirklich gefährlich, der Eisbär ist ein wildes Tier."

Ich antworte: „Dein Gewehr mit dem Zielfernrohr kannst du wieder einpacken, es ist viel zu schwer. Aber die Magnum nehme ich."

Er scheint erleichtert und holt sofort die Munition für den Revolver. Endlich finde ich Zeit, Judy zu umarmen. Ich bin gerührt. Sie erzählt, daß sie die ganze Nacht nicht schlafen konnte, weil sie glaubte, mein letztes Stündlein hätte geschlagen.

Kurz darauf taucht Michel wieder auf. Er ist aufgelöst. Er hat die Munition überall gesucht, kann sie aber nicht finden. Er muß sie vergessen haben. Ich tue so, als ob ich das bedauere, aber im Grunde bin ich eher froh. Trotz der frischen Spuren habe ich keine Lust, wie auf einem Kriegszug weiterzugehen.

Ich mache Michel einen Kompromißvorschlag: „Schau, ich gebe dir dein Waffenarsenal wieder, aber ich nehme die Schreckschußpistole mit!"

Sie ist ein Spielzeug mit fünf Patronen, und es ist offensichtlich, daß sie gegen die Eisbären nicht viel helfen wird. Aber besser als nichts, und außerdem scheint es die ganze Gruppe zu beruhigen, was in meinen Augen das wichtigste ist.

Der Rest der Übergabe verläuft gut. Michel löst diesmal alles Organisatorische und Verwaltungstechnische ohne Probleme. Ich kann mir im Flugzeug sogar die Füße in lauwarmem Wasser waschen. Daraus machen einige amerikanische Massenmedien am nächsten Tag eine Story über den Abenteurer, der bei jeder Etappe auf seinem Weg zum Pol ein Bad in der Badewanne seines Privatflugzeugs nimmt.

Nach einer Dreiviertelstunde startet das Flugzeug. Ich fühle mich fast glücklich. Mein Kontakt zu den Menschen war diesmal viel entspannter, und das Material ist in Ordnung. Ich war so froh, daß Ross landen konnte, daß ich ihm mindestens zehnmal die Hand geschüttelt und immer wieder „thank you, thank you" gesagt habe. Es war ehrlich gemeint und rührte ihn sehr.

Am Donnerstag, den 27. März, teste ich nach sieben Stunden Fußmarsch eine neue Verfahrensweise: Sofort nach dem Halt schalte ich das Sendegerät ein und verschiebe meinen Funkkontakt mit dem Basiscamp um eine Stunde. So kann mir Resolute Bay meine Tagesposition noch am gleichen Abend geben, was meiner Moral sehr guttut. Bis dahin mußte ich immer 24 Stunden warten, bis ich wußte, welche Entfernung ich am Vortag zurückgelegt hatte. Die geschafften Kilometer bleiben mein stärkster Antrieb. Heute sind es 14,5, ein hervorragendes Ergebnis.

Dabei hat das Eischaos für diesen Breitengrad unglaubliche Ausmaße. Der ganze Tag war wie eine Science-fiction-Reise durch ein weißes, wild bewegtes Meer, das plötzlich in ewiger Ruhe erstarrt und von aufgebrochener Dünung überlagert worden sein muß. Alte, vom Blizzard geformte Eisformationen wurden von einem bizzaren Durcheinander seltsamer Grate gekrönt. Die großen flachen Ebenen, die ich immer wieder vorgefunden hatte, sind verschwunden. Es

Ich habe einen Weg durchs Labyrinth gefunden

gab kein einziges flaches Stück, um sich etwas vom Auf- und Absteigen auszuruhen. Ich bin hundemüde.

Seit meinem Aufbruch in Ward Hunt Island habe ich angezogen geschlafen. Jetzt hat Judy mir eine Art Polarpyjama mitgebracht, Jacke und Hose aus Pelz. Beim Schlafengehen habe ich mich meiner Tageskleidung entledigt und ihn über meine Unterwäsche angezogen, die bereits durchgeschwitzt war. So war die Nacht wesentlich angenehmer. Ich bin Judy für diese tolle Idee wirklich dankbar. Aber als ich am nächsten Morgen in meine Hose schlüpfe, die hart ist wie ein Ofenrohr, und meine eisigen Jacken anziehe, verfluche ich Judy für diesen Einfall. Ich habe das Gefühl, das zu erleben, was ein mittelalterlicher Ritter empfunden haben muß, wenn er seine Rüstung im tiefsten Winter in einer eisigen Waffenkammer anlegen mußte, um in den Krieg zu ziehen.

Doch für mich wird es heute offensichtlich keinen Kampf geben. Draußen ist schönes Wetter, kein Wind, minus 40 Grad, also ideale Bedingungen. Der Himmel ist großartig, von einer wunderbaren Klarheit. Nicht der leiseste Luftzug, nicht der kleinste Lärm stören die grenzenlose Weite, die sich vor mir ausbreitet. Es ist sehr beeindruckend. Die Spiegelung, in der sich dieses Bild am Himmel ins Unendliche fortsetzt, machen das arktische Universum noch entrückter, ja fast erhaben.

Jetzt muß ich mich mit der Sonnenbrille vor dem Sonnenlicht schützen, das von den großen vertikalen Schneemauern reflektiert wird. Zu Beginn meiner Reise hatte ich eine Art Tauchermaske getragen, aber das war nicht gut, denn durch die Wärme und Feuchtigkeit des Körpers beschlugen die doppelten Scheiben oft so stark, daß ich nichts mehr sehen konnte. Meine Sonnenbrille, allerdings ohne Schutz an der Seite, damit Luft hinter den Gläsern zirkulieren kann, tut gute Dienste, auch wenn ich regelmäßig den Reif abkratzen muß, der sich darauf bildet. Mit bloßen Händen kann ich diesen dünnen Eisfilm auch mit der Wärme meiner Finger auftauen.

Die Brille hat nur den Nachteil, daß ich immer etwas Kaltes ganz nahe am Gesicht trage. An den Schläfen und an der Nasenwurzel, wo sie aufliegt, habe ich starke Erfrierungen. Und überhaupt, meine arme Nase! Wenn sie läuft, was in diesen Breiten unvermeidlich ist, bilden sich Eiszapfen auf der Haut, die sehr weh tun.

Ich habe es schon gesagt: Heute gibt es keinen Kampf für mich. Viele Stunden lang habe ich geglaubt, aus dem Gebiet des Ice Shelfs heraus zu sein, aber am Ende des Nachmittags merke ich, daß ich mich verschätzt habe. Ein unüberwindbares Labyrinth hält mich seit mehr als einer Stunde gefangen. Bisher unbekannte Eisformationen, die mehr als zehn Meter Höhe erreichen, haben neue Eisstrukturen geschaffen, die mir vorkommen wie Türme, Statuen und Kerzen. Mit einem Schlag befinde ich mich im Sidobre, einem Gebirgszug aus Granit in meiner Heimat bei Castres, dessen ziemlich runde und bauchige Steine fremdartige Gebilde formen. Einige Steine haben so auffallende Formen, daß man ihnen Namen gegeben hat. Es gibt einen „Felsen der Gans"; drei flache Steine, die aufeinanderliegen, sind die „Drei Käselaibe" geworden; und man findet sogar einen „Kreisel". Als ich noch klein war, bin ich oft in diesem ausgedehnten Gebiet, das die Phantasie so schön anregt, spazierengegangen. Meine Erinnerungen an die fremdartigen Gebilde des Sidobre überlagern diese wunderbaren Bilder im Packeis.

Die Verdoppelung meiner Wahrnehmung gibt mir einerseits das Gefühl, der kleine Junge zu sein, der von den „Drei Käselaiben" zum „Kreisel" läuft, und andererseits ein Mann von beinahe 40 Jahren, der dieses phantastische Universum durchquert, das an der Grenze der Realität angesiedelt scheint.

Im Grunde habe ich mich wohl nicht sehr verändert. Vielleicht entsteht die Lust am Abenteuer bereits sehr früh. Sie steckt in einem, ohne sich groß zu verändern, wenn nicht sozialer Druck sie erstickt. Sie bestimmt das Innenleben, läßt verrückte Ideen entstehen, wie zum Pol zu gehen, sich auf See zu wagen oder steile Berge zu besteigen, alles Spiegelbilder, in denen sich die Abenteuerlust wiederfindet, sich wirklich zu Hause fühlt. Wenn ich aufbreche, ist das keine Flucht vor etwas, vielmehr ist das Abenteuer ein Lockmittel, von dem ich angezogen werde.

Aber in diesem unendlich weiten, weißen Land, in dem ich meine Liebe zum endlosen Raum wiederentdeckt habe, fehlt meinem Körper ein fester Orientierungspunkt. Bin ich 200, 500 oder 1000 Meter gelaufen? Ich weiß es nicht. Die Eisriesen, die ich am Horizont als Richtungsweiser anvisiere, erscheinen wie riesige Bauwerke, und ich benenne sie: Notre-Dame, Arc de Triomphe... Aber sobald ich näher komme, entpuppen sie sich als höchstens sechs, acht oder zehn Meter hoch. Oft wird aus einem Schloß ein kleiner, mickriger Eisblock. Unter solchen Bedingungen ist es unmöglich, die Entfernung zwischen zwei Punkten zu schätzen.

Zum Vergleich lege ich die Wege meiner Kindheit zugrunde, die ich hundertmal gegangen bin und nie vergessen werde. Ich breche immer in Vielmur vom Haus neben der Bahnschranke auf. Es ist mein Geburtshaus, in dem mein Großvater und mein Vater ihr Leben als Schneider verbracht haben. Es liegt am Ausgang des Ortes. Von dort aus bis zur Kreuzung mit dem Meilenstein an der Nationalstraße 112 ist es genau ein Kilometer. Dieser Weg ist mein Maßstab für kleine Distanzen.

Ich zähle die Platanen, die in zehn Meter Abstand gepflanzt sind. Meine tägliche Maßeinheit ist die Strecke Vielmur-Castres, 13 Kilometer, eine Strecke, die ich auswendig kenne, weil ich sie zu Fuß, mit dem Fahrrad, mit dem Auto und dem Bus jeden Samstagabend und Montagmorgen gemacht habe, als ich in der Stadt wohnte. Beim Kilometerstein 2 steht der Glockenturm von Jonquières, bei Kilometer 4, am Ortsrand von Lafumade, steht der

Hof von Gérard Bastier, der mir beibrachte, Elstern zu fangen und zu zähmen. Auf der Ebene von Bousquet wohnt Maurice Veine, der mir meine ersten Haustauben schenkte; später hatte ich bis zu acht Paare. Am großen Abhang, der bis zum Rand von Lissartade führt, lebt Massip, der jetzt pensioniert ist. Als ich acht Jahre alt war, war er Pferdehändler, aber sein Geschäft ging immer schlechter, als Autos und Traktoren den Pferdewagen und die Zugpferde ersetzten. . .

Es ist 14 Uhr, mein Schatten auf dem Eis ist 30 Grad rechts von der Piste. Ich laufe seit sechs Stunden und hoffe, les Farguettes passiert zu haben, oder bin ich schon am Abhang von Baumont? Schwer zu sagen, ich habe am Morgen viel Zeit im Eischaos verloren, aber bei zwei Kilometern pro Stunde dürfte das Feld von Castres trotzdem schon in Sicht sein.

Nach einer Stunde Marsch zwischen den Eisblöcken entschließe ich mich, anzuhalten und das Camp aufzuschlagen. Castres liegt in der Eiszeit. Ich baue mein Zelt im Schutz eines Eisblocks auf dem Marktplatz der verlassenen Stadt auf. Später, Ende April, als die Tage länger werden und ich schneller vorankomme, schaffe ich den Hin- und Rückweg an einem Tag und kann so zum Schlafen nach Vielmur heimkommen.

Aber auch andere Phantasien gehen mir durch den Kopf. Sie haben hauptsächlich den Zweck, meine seelische Belastung mit den Leiden zu vergleichen, die Menschen in verschiedenen Bewährungsproben in ihrem Leben aushalten mußten und konnten. So stelle ich mir vor, ein flüchtiger Ausbrecher zu sein, dessen einziges Ziel der Nordpol ist. „Es gibt nur einen einzigen Ausgang, und der liegt dort vor dir", sage ich mir und rufe mir all die Geschichten von

Gefangenen ins Gedächtnis, die ich gehört habe. Vor allem das Schicksal meines Onkels und einiger Freunde meiner Eltern geht mir nicht aus dem Sinn. Im Zweiten Weltkrieg flohen sie unter dramatischen Umständen aus deutschen Gefängnissen. Ihre Situation war sicher viel schlimmer als das, was ich erlebe: Sie gruben einen Tunnel, hatten nichts zu essen und wurden von einem Mut, einer Kraft getrieben, die einen zwingt, bis an die Grenzen zu gehen, um die Freiheit wiederzufinden.

Auch wenn ich mich dauernd wiederhole, sage ich mir immer wieder: Ich bin ein Gefangener des Pols, und ich muß möglichst schnell rauskommen. Das ist kein Kuraufenthalt hier, und das Packeis ist nun wirklich kein freundlicher Ort zum Spazierengehen. Je schneller ich vorankomme, desto stärker wird mein Wille, es zu Ende zu bringen.

Meine Phantasie gaukelt mir auch noch andere Bilder vor: Ich befinde mich jetzt in einem tiefen Tal, mit richtigen Bergen auf allen Seiten. Das Packeis nimmt erschreckende Ausmaße an. Ich gehe nicht mehr von einem Eisblock zum nächsten, ich marschiere vom Gipfel hinunter und dann durch ein gigantisches Tal in einer Landschaft wie der im Himalaya. Dieser archaische Mikrokosmos, in dem ich wandere, wird zur Landschaft meiner Phantasien und Visionen. Das ist ein Gulliver-Syndrom, ein wichtiges Ventil für den Geist. Ich habe herausgefunden, daß die geistigen Ausflüge ein gutes Mittel gegen den einengenden Druck des Pol-Labyrinthes sind, sie schützen mich vor seiner Macht. Hat Daedalus, an einem ganz anderen Ort und zu einer ganz anderen Zeit, nicht die gleichen Tricks angewendet? Ich würde es gerne wissen. Egal, der Mythos vom Labyrinth und vom Kampf des zerbrechlichen Menschen, der darin umherirrt, ist wohl in alle Ewigkeit der gleiche.

Im Basiscamp packt Judy ihre Koffer, um nach Paris zurückzukehren, wo sie für einen historischen Film die Kostüme machen soll. Sie wird mir sehr fehlen. Aus Montreal ist Diane angekommen, die ihre Stelle am Funk übernehmen wird. Sie ist eine Freundin von Judy. Als wir uns in Kanada auf die Expedition vorbereitet haben, hat sie uns beherbergt, und seit meinem Aufbruch spielt sie eine wichtige Rolle in der Verbindung zwischen Frankreich und Resolute Bay. Sie hat so manches lästige Problem mit dem Material gelöst, so den Transport des neuen Austauschschlittens, die Auswahl eines guten Reißverschlusses oder von Klettband.

Lebensweg eines Abenteurers

Samstag, 25. März. Seit zwanzig Tagen bin ich unterwegs. Obwohl ich mich bereits auf 84 Grad 34' nördlicher Breite befinde, ist das Packeis immer noch stark zerklüftet. Hat am Ende Peary in seinem Buch geschwindelt? Er behauptet, daß das Gelände ab einem bestimmten Punkt eben wird, daß man dann direkt auf den Pol zuhalten kann. In Resolute haben alle seine Geschichte geglaubt, zumindest haben sie mir bestätigt, daß der Weg einfacher wird, wenn die ersten 100 Kilometer überwunden sind.

Abends ruft Michel mich noch einmal an, um zu bestätigen, was ich immer noch nicht glauben kann: Ich soll heute 16 Kilometer gelaufen sein, eine beinahe unmögliche Leistung in einem so schwierigen Gelände. Aber der Schlitten läßt sich gut ziehen, und ich finde allmählich meinen Rhythmus. Ein Galeerensträfling rudert mit der Zeit ja auch immer besser. Der „Vorhof zur Hölle", wie ich dieses Gebiet in meinem Tagesbericht nenne, hat somit doch einen Zweck erfüllt. Allzu sensibel sollte man hier nicht sein. Ich laufe täglich acht Stunden, Eisbären belauern meinen Weg, meine Fingernägel lösen sich ab, Finger und Zehen sind zerschunden, große Eiszapfen an Schnurrbart und Kinn umrahmen die Schneemaske, die ich wieder aufgesetzt habe, denn die Gletscherbrille allein reicht nicht aus. Ich bin der unheimliche Schneemensch, Doktor Etienne Yeti, gefangen im ewigen Eis wie ein wildes Tier.

Die Wege sind nicht nur schwierig, sie sind gemeine Fallgruben. Kein Hubschrauber würde je hier vorbeikommen, und sogar wenn ein Flugzeug sehr niedrig flöge, könnte man in diesem Gelände nur mit sehr viel Glück einen verletzten Menschen entdecken. Die Möglichkeit, mir ein Bein zu verstauchen oder gar zu brechen, steht ganz oben auf der Hitliste meiner Alpträume. Ich laufe nicht mehr auf dem Eis, sondern auf meinen Ängsten, und der Satellit, mein unerbittlicher Beobachter, meldet: 16 Kilometer! Wem habe ich das zu verdanken? Sicher nicht meinem Willen, auch nicht meinem Orientierungssinn, der mich durch das Eis lenkt. Wahrscheinlich irgendwelchen Drüsen, die durch die Angst stimuliert worden sind.

Sonntag, 30. März, es ist Ostern. Das Eischaos scheint vorbei zu sein, die Abstände zwischen den Eisblöcken werden immer größer, weite Ebenen erleichtern das Fortkommen. Um fünf Uhr morgens bin ich aufgestanden, um sieben Uhr aufgebrochen, aber schon nach sieben Stunden Marsch bin ich erschöpft auf meinen Skiern eingenickt. Mit letzter Kraft habe ich mein Zelt aufgebaut und mich sofort hingelegt. Nicht einmal essen konnte ich vor Erschöpfung. Normalerweise esse ich regelmäßig, und bis jetzt hatte ich einen guten Appetit. Der Fehlstart, die Blizzards, die Eisbären, der Streß der andauernden Rückschläge haben meinem Magen bisher nichts ausgemacht. Was ist passiert? Nur ruhig Blut, es ist vielleicht alles nur Zufall.

Beim Vergleich meines Marschplans mit dem Verlauf der finnischen Expedition merke ich, daß ich sie bereits ein kleines Stück überholt habe. Champagner muß her! Und dem Chaos bin ich auch entronnen! Noch mehr Champagner! Aus geschmolzenem Schnee braue ich mir „Pol-Champagner", heißen Tee, der diesmal ganz zart nach Glück schmeckt.

Montag, 31. März. Das Wetter ist schön, draußen sind es minus 40 Grad. Doch im Zelt ist alles voller Eis, immer nur Eis. . . eine endlose Monotonie. Wahrscheinlich untergräbt diese Eintönigkeit meinen Appetit. Die Lampe funktioniert nicht mehr, aber das macht mir jetzt nicht mehr so viel aus wie am Anfang. Die Tage werden immer länger, so daß ich trotzdem schreiben kann. Das Sonnenlicht schimmert durch die Zeltplane.

Bei so niedrigen Temperaturen zu schreiben ist kein Vergnügen. In der Vorbereitungszeit habe ich einen Kugelschreiber getestet, der von der NASA so entwickelt worden war, daß man bei Temperaturen bis minus 70 Grad damit schreiben kann. Aber er war aus Metall, was unsinnig ist, denn bei so niedrigen Temperaturen frieren einem die Finger daran fest. Schließlich habe ich mich für einen einfachen Bleistift entschieden, der seinen Zweck völlig erfüllt.

Trotzdem muß ich bei minus 40 Grad den Stift mit Handschuhen halten. Meine warmen Fingerspitzen lassen das Eis schmelzen, das sich auf der Wolle gebildet hat und nun auf das Tagebuch tropft. Dort verwandeln sie sich sofort wieder zu Eis. Wie soll ich das nun wieder vermeiden. . . Es gilt, die Seiten des Buches so wenig wie möglich zu berühren. Mit dem kleinen Finger halte ich sie fest.

Die Nacht bringt neue Probleme mit dem Schreiben. Im Strahl meiner Stirnlampe nimmt mir der Nebel meines Atems jede Sicht, also auch die Möglichkeit, das Geschriebene zu lesen. Folglich kann ich nur beim Einatmen schreiben. Und wenn ich einen ganzen Satz schreiben will, muß ich bis zum bitteren Ende die Luft anhalten. Sogar die dickste Bleistiftmine läßt mich schließlich im Stich, sie wird in der Kälte hart. Mit einem scharfen Messer spitze ich sie alle vier bis fünf Minuten an, damit ich weiterschreiben kann.

Das Schreiben rettet mich. Das allabendliche Rendezvous mit dem Tagebuch ersetzt mir den Freund. Das Buch ordnet meine Gedanken, es fängt meine Hochs und Tiefs auf und wacht über meine Wahnvorstellungen. Ohne diese Schreibtherapie hätte ich zweifellos den Kopf verloren, wäre im Teufelskreis meiner Ängste durchgedreht... Das Tagebuch ist wirklich unersetzlich. Hemmungslos vertraue ich ihm an, wie sehr ich zweifle und leide.

Wie schon im letzten Jahr habe ich auch jetzt wieder eine Erfrierung am linken großen Zeh. Als ich abends die Schuhe ausgezogen hatte, konnte ich den Zeh nicht mehr spüren, auch als ich mich der Innenschuhe entledigt habe, war kein Gefühl da. Schließlich habe ich auch die Socke ausgezogen und sah durch den Plastikbeutel eine riesengroße wunderschöne Blase auf dem Zeh. Am nächsten Morgen war sie so groß, daß ich die Schuhe nicht mehr anziehen konnte. Ich mußte sie aufstechen. Über der Flamme des Kochers brachte ich eine Nähnadel zum Glühen und pikste die Blase an. Wasser floß heraus. Socken und Schuhe passen wieder. Es ist der 1. April. Der Monat fängt gut an.

Heute hat mein Vater Geburtstag, ich widme ihm diesen Tag. Seit einiger Zeit widme ich die einzelnen Tage meiner Familie und meinen Freunden. Sogar Michel Franco bekam seinen Tag. Der schreckliche Franco, mein unerbittlicher Coach, der mich weitertreibt und über Funk Vorschläge macht wie: „Nun gut, bisher bist du täglich ungefähr acht Stunden gelaufen, nimm dir mal vor, zukünftig achteinhalb zu schaffen." Er hat leicht reden, er sitzt bequem vor seinem Mikrophon. Ich wünsche ihn zur Hölle, aber zugleich widme ich ihm einen Tag. . . Aber warte nur, wenn ich zurückkomme! Es wird noch viele Franco-Tage geben. Später, ein ganzes Stück weiter, werde ich für ihn sogar zwölf Stunden marschieren.

Dieser Tag ist also meinem Vater gewidmet, das ist wichtig. Natürlich auch meiner Mutter. Ich stelle mir vor, wie die beiden zu Hause in Vielmur mein Abenteuer verfolgen. Bei meiner Abreise hatten sie große Angst. Sicher, sie haben sich daran gewöhnt, daß ich Expeditionen durchführe, aber diesmal, mit dem Nordpol als Ziel, war es etwas anderes. Trotzdem sind sie ruhig und zärtlich gewesen. „Wir vertrauen dir, also haben wir auch keine Angst."

Während ich auf den Skiern vorwärtsgleite, denke ich über meinen Lebensweg nach. Mein Vater war sein Leben lang Schneider. Vielleicht hatte auch er davon geträumt, andere Dinge zu tun, als diesen ungeliebten Beruf auszuüben. Die intellektuellen Fähigkeiten dazu hatte er jedenfalls. Er arbeitete sechzig Stunden in der Woche, ohne viel dafür zu bekommen. Mit fünfzig Jahren lebte er noch immer in einer Mietwohnung, deren Kauf er sich nicht leisten konnte.

Sein Leben war hart, und er hat alles auf sich genommen, damit mein Leben leichter würde. Ich sollte einen guten Beruf erlernen und eine Karriere als Techniker einschlagen, einen Beruf, den er sich vorstellen konnte. Als ich ihm dann eines Tages eröffnete, daß ich Medizin studieren wollte, war er entsetzt. Er war so vor den Kopf gestoßen, daß er nichts mehr sagen konnte.

Einige seiner Kunden waren Ärzte. Zu jener Zeit ließen sich die Freiberufler ihre Kleider noch vom Schneider nähen. Er fragte sie aus: „Mein Sohn will Arzt werden, was meinen Sie dazu?" Einer von ihnen antwortete: „Hat er Griechisch gelernt?" – „Nein, er ist auf einer technischen Schule!" – „Der Arme, das wird er nie schaffen. Er hätte Griechisch lernen müssen, um unsere medizinische Terminologie zu verstehen; achtzig Prozent der Fachbegriffe sind griechisch!"

Ich besuchte gerade das Internat, und am Wochenende berichtete mir mein Vater all dies und noch Schlimmeres: „Hör mal, ich habe mit Doktor Untel gesprochen. Er meint, du wirst Probleme haben, und außerdem. . ." Ich war schon damals sehr stur und dickköpfig. Ich antwortete: „Mach dir keine Sorgen, ich werde es schaffen." Die andere Sorge, die meinen Vater quälte, waren die hohen Kosten für ein so langes Studium. „Mach dir keine Gedanken, auch das werde ich schaffen. Ich werde mir Mühe geben."

Jetzt gleite ich auf dem Packeis dahin, und die Bruchstücke meiner Erinnerung überlagern sanft alles andere. Zweifellos habe ich eine Laufbahn eingeschlagen, die kaum mit dem in Einklang steht, was mein Vater sich vorgestellt hatte. Ich bin auf dem Weg zum Nordpol, eine unglaubliche Sache und völlig entgegengesetzt zu all dem, was er sich für seinen Sprößling gewünscht hatte. Ich stamme aus einem kleinen Dorf, wo die Menschen dort, wo sie geboren werden, auch sterben.

Während des anstrengenden Medizinstudiums verdiente ich meinen Lebensunterhalt als chirurgischer Assistent. Doktor Guibé interessierte sich für mich und besorgte mir eine Assistentenstelle, mit der ich mich spezialisieren konnte. Ich kam von der Technik, und die Chirurgie ist, vergißt man die diagnostischen Probleme, nichts anderes.

Ich war also begabt, aber der „Ruf der Wildnis" arbeitete in mir. Eines Tages gab ich Handschuhe und Skalpell auf, um auszubrechen.

Ausgangspunkt meiner leidvollen Erfahrungen als Abenteurer war ein Brief von Eric Tabarly, der mich 1977 einlud, auf seinem Schiff als Bordarzt an einer Weltumseglung teilzunehmen. Ich hatte ihn 1976 auf dem Rückweg von meiner ersten Reise nach Patagonien getroffen, wo ich den Versuch unternommen hatte, den Fitz Roy zu besteigen. Die vier Monate da unten hatten mich in meiner Wahl bestätigt: Ich wollte Expeditionsarzt werden. Ich kannte bisher nur die Berge, aber ich spürte bereits, wie in mir die Liebe zum Meer wuchs.

Ich machte 48 Stunden halt in Rio de Janeiro. Dort lagen die Boote, die am Cours du Triangle teilnahmen, denn hier endete ihre zweite Etappe, die in Kapstadt begonnen hatte. Die bedeutendsten europäischen Rennsegler hatten sich im Yacht-Club versammelt, und manche von ihnen planten schon die nächste Weltumseglung. Aber damals war nur die Teilnahme von Eric Tabarly wirklich sicher.

Ich ging auf den Brücken hin und her und hoffte, irgendwelche Informationen aufzuschnappen. Ich hatte Angst, Tabarly ansprechen zu müssen, aber ich konnte ihn sowieso nicht entdecken. In diesem Augenblick war er auf seinem Schiff, um die unzähligen Formulare zu erledigen, die notwendig waren, um 1976 eine Solo-Atlantiküberquerung zu starten. Ich ging also wieder zurück, war aber trotzdem froh, zwei Tage mit Hochsee-Seglern verbracht und deren Milieu kennengelernt zu haben. Am Flughafen von Rio traf ich Tabarly dann doch. Er erwartete Freunde. Ich war in die Enge getrieben, ich mußte ihn unbedingt ansprechen. Ich nahm all meinen Mut zusammen und ging direkt auf ihn zu.

Er trug ein weißes T-Shirt und Gummischlappen. „Guten Tag, ich würde gerne eine Weltumsegelung mitmachen. Ich bin Arzt, falls Sie einen suchen, ich wäre gern dabei. . ."

Eric fragte mich ruhig, ob ich Segler sei und an welchen Fahrten ich schon teilgenommen hätte.

„Ich bin bisher nicht gesegelt, ich bin Alpinist, aber ich würde gerne eine lange Fahrt mitmachen. Ich habe Zeit und Energie und glaube, daß ich mich bald als nützlich erweisen könnte."

Er antwortete: „Geben Sie mir Ihre Adresse; ich werde Sie benachrichtigen, wenn ich Sie brauche." Ich kritzelte Name und Adresse auf ein kleines Stück Papier. „Ich kann das nicht entziffern..." Vor Aufregung konnte ich nicht schreiben; etwas ruhiger fing ich noch mal von vorne an. Er steckte den Zettel in seine weißen Shorts.

In diesem Augenblick hatte ich die schreckliche Vision, daß Papier und Shorts zusammen in die Waschmaschine wandern und dieser magische Moment ein banales Ende nehmen würde.

Aber nein, Anfang März 1977 bekam ich einen Brief von Tabarly: „Sehr geehrter Herr, wir werden demnächst via Antillen und Panama nach Los Angeles aufbrechen, dann den Pazifik überqueren und nach Honolulu segeln und uns schließlich in Auckland den Booten zur Weltumsegelung anschließen, via den Marquesas, Tahiti, Bora Bora... Wir werden die zwei letzten Etappen der Strecke Auckland-Rio und Rio-Portsmouth machen."

Es wurde ein traumhaftes Jahr, wie man es selten erlebt. In dieser Zeit lernte ich Männer kennen, die meine allerbesten Freunde wurden.

Als ich den Brief bekam, sagten sich meine Eltern: „Nun, wenn Tabarly nach dem Kleinen verlangt, heißt es, daß es etwas Seriöses ist, dann macht er seine Sache gut." Von da an habe ich sie angesteckt. Sie gewöhnten sich an die Vorstellung, einen Abenteurer zum Sohn zu haben, der große Reisen macht, um die Welt zu entdecken. Sie fingen selbst damit an, machten Expeditionen in ihrer Welt. So durchquerten sie sogar Frankreich per Rad. Zwischen uns entstand eine gewisse Kameradschaft.

Wenn ich heute von einer Tour zurückkomme, rufe ich sie an und frage: „Ich komme per Zug oder Flugzeug in Toulouse an, holt ihr mich ab?" Sie sind immer da, wenn ich heimkomme, und nach den ersten Begrüßungsminuten erzählt mein Vater von seinen Abenteuern. Wenn man sich neben ihn setzt und ihm zuhört, ist es, als ob man eine Odyssee miterleben würde. Mit seinen 63 Jahren ist er noch zum richtigen Abenteurer auf dem Fahrrad geworden.

Als er mich das letzte Mal abholte, kam ich gerade aus Peking. Ich hatte von der Nordseite des Himalaya aus Tibet und dann China durchquert. Fünf Minuten nach der Umarmung begann er, mir von seiner letzten Tour zu erzählen. „Stell dir vor, deine Mutter hatte eine Panne, wir mußten den Reifen wechseln, und dann hatten wir Riesenschwierigkeiten, du glaubst es nicht!"

Hier, mitten auf dem Packeis, denke ich so intensiv an meine Eltern, daß sie beinahe anwesend sind. Ich murmele: „Ich schenke euch diesen Tag", und spüre, daß unsere unterschiedlichen Lebenswege sich ganz harmonisch streifen.

Abends im Zelt ziehe ich Bilanz. Im März bin ich vom 9. bis zum 31., also in 23 Tagen, ganze 17 Tage gelaufen, das heißt 100 Stunden. Das bedeutet im Durchschnitt sechs Stunden täglich, und bei insgesamt 180 Kilometern komme ich auf Tagesetappen von zehn Kilometern. Jetzt bin ich auf 84 Grad 39' nördlicher Breite, nicht sehr weit also. Ich habe eineinhalb

Breitengrade geschafft, das ist wenig, verdammt wenig sogar. Wenn ich das hochrechne, brauche ich 80 Tage bis zum Nordpol, eine Katastrophe!

Aber nur Geduld, Papy! Wenn die neue Standortberechnung stimmt, dann hast du von gestern bis heute 27 Kilometer geschafft. Das Ice Shelf hast du nun überwunden. Die Bedingungen für den Marsch werden immer besser, du wirst bald viel schneller vorankommen.

Mittwoch, 2. April: Licht und Schatten. Minus 38. Ein ganz gewöhnlicher Tag wartet auf mich. Aber gegen zwei Uhr am Nachmittag durchdringt lauter Lärm die Eiskappe, die sich auf meiner mit Wolfspelz besetzten Kapuze gebildet hat, die mein Gesicht so weit wie möglich zudeckt und jedes Geräusch erstickt. Was ist das? Schmilzt das Packeis? Zumindest in meiner näheren Umgebung ist alles ruhig.

Bin ich dumm! Das kommt von oben! Ich hebe den Kopf, dort ist ein Linienflugzeug! Endlich ein menschliches Zeichen in dieser toten Landschaft! Ich schreie laut auf. Es ist ein Freudenschrei, ein Schrei der Erleichterung, und das macht mich richtig verrückt. Zugleich bin ich fast taub von diesem neuen Geräusch.

Es ist das erste Mal, daß ich den Mund öffne, um einen lauten Ton hervorzubringen, seit ich allein über das Packeis marschiere. Ich habe gerade meine eigene Stimme gehört. Wahrscheinlich hatte ich Angst, die unendliche, unberührte Landschaft zu stören, sie zu verärgern. Was für ein Schreck! Drei Wochen habe ich nur innere Monologe geführt, und plötzlich entdecke ich meine Stimme wieder. Welch ein Wunder! Es gibt eben doch keinen gewöhnlichen Tag am Nordpol.

Begegnung im Nirgendwo

Es gibt auch Routine auf dem Packeis. Der Nachschubflug vom 3. April begeistert mich nur noch kurz. Das Zusammenspiel funktioniert wie ein gut geöltes Uhrwerk.

Diesmal ist Diane mitgekommen. Sie hat Geschenke und Süßigkeiten dabei, liebevoll genähte kleine Troddeln für die Reißverschlüsse, eine Auswahl Schokoladenbonbons, eine Orange und einen Apfel, damit ich einmal frische Früchte zu essen bekomme, und ein Lachssandwich. Im Zelt werden Schokolade und Obst in wenigen Minuten steinhart werden, aber ich hebe sie als eine Art gefrorene Erinnerung auf. Ich esse nur das Lachssandwich, das ich im Schutz der Kabine hinunterschlinge, als die Motoren des Flugzeugs schon laufen. Während ich esse, muß ich meine Innenschuhe anziehen. Diane füttert mich. Dabei beiße ich versehentlich in ihren Finger, meine Zähne dringen sogar durch ihren Handschuh, ohne daß ich es merke. Später erzählt mir Michel, daß sie im Flugzeug im Handschuh meinen Zahnabdruck entdeckt und ausgerufen habe: „Der Arme, was für einen Hunger muß er gehabt haben!"

Abends mache ich es mir in meinen neuen Kleidern und den trockenen Schlafsäcken im Zelt bequem und öffne meine Post. Michel hat mir sogar zwei Tageszeitungen mitgebracht: Le Monde und Libération. Man muß das richtig genießen. Le Monde am Nordpol, das ist schon was! Ich überfliege die Schlagzeilen, versuche ein oder zwei Artikel zu lesen, aber sie verlieren sich in derart verwirrenden Details, daß mir davon schwindlig wird. Ich gebe auf und versuche es mit der Libération, aber plötzlich ist es stockfinster. Defekt an der Stirnlampe! Mist... oder um so besser! Bei 85 Grad nördlicher Breite ist die innere Distanz zur französischen Tagespresse unüberbrückbar. Am nächsten Morgen werde ich die Zeitungen auf dem Packeis liegenlassen, vielleicht lesen sie die Eisbären? Man weiß ja nie.

Es ist der 4. April, und ich werde mein Leben lang das außergewöhnliche Schauspiel nicht vergessen, das mir das Eis heute geboten hat. Zum ersten Mal ist das Packeis auseinandergebrochen! In den offenen Spalten zwischen den sich verschiebenden Blöcken konnte ich das Wasser erkennen. Es war wie das Erwachen eines Dinosauriers oder eines gigantischen Mammuts: langsam, unerbittlich fortschreitend, majestätisch. Wenn Eisplatten aufeinanderprallen, drücken sie zunächst gegeneinander, dann reiben sie mit entsetzlichem Knirschen aneinander. Sie überlappen sich, richten sich auf. Eisplatten, die senkrecht stehen, fallen um und zerbersten mit dumpfem Lärm, den man kilometerweit hören kann. Ich habe den Eindruck, ein Schlachtfeld zu durchqueren, auf dem sich seit Anbeginn der Zeit ein gigantischer Krieg im Zeitlupentempo abspielt.

Es wäre nicht ratsam, hier einen Ski oder einen Fuß zu brechen. Glücklicherweise bewegen sich die meisten Blöcke nicht ununterbrochen. Wenn eine alte Eisplatte in Bewegung gerät, dann geschieht das in großer Entfernung und in enormer Lautstärke – ich gehe dann eben einen Umweg.

„Ich habe Wasser gesehen, ich wiederhole, ich habe Wasser gesehen, Wasser!" Ich schreie es immer wieder. Die Verbindung mit Resolute ist schlecht, aber schließlich verstehen sie, was ich meine. Für Michel ist das das Zeichen, daß der Eisgang bereits begonnen hat. Er antwortet, ohne zu zögern: „Du brauchst ein Kanu! Ich wiederhole, willst du jetzt ein Kanu, Papy?"

Ich weiß nicht, was mich noch erwartet. Ich muß noch eineinhalb Monate auf dem Packeis laufen. Heute sind es minus 35 Grad, und die offenen Wasserstellen sind sehr schnell wieder zugefroren. Aber wie wird das später? Was wird passieren, wenn es wärmer ist? Schon lange stelle ich mir vor, wie ein nicht überquerbarer, offener Meeresarm sich polypenartig über das Eis erstreckt und mir wenige Kilometer vor dem Ziel den Weg zum Pol abschneidet.

„Los, Franco, besorge ein Kanu!" sage ich.

„Verstanden, Papy, verstanden. Ich werde mich sofort darum kümmern. Du brauchst keine Angst zu haben!"

„Verstanden, Franco. Der König des ewigen Eises grüßt dich! Ich wiederhole, der König des ewigen Eises grüßt...!"

In dieser Nacht ruft Michel Franco den Marinearchitekten Olivier Petit in Paris an, der ein Modell für ein Ultraleichtboot entworfen hat. Er ist ein alter Kumpel, mit dem ich bei Tabarly und später in Grönland und Patagonien viele Abenteuer erlebt habe. Dann informiert Franco meine Sponsoren wegen der Finanzierung. Es ist nie einfach, noch einen Zuschuß zum Budget zu bekommen. Sie lassen sich immer ein bißchen beknien, bevor sie zusagen. Dieses verdammte Kanu wird in einem Spezialcontainer per Flugzeug von Frankreich nach Resolute geschickt werden müssen, die Aktion kostet viel Geld, jede Menge Energie und unendlich viele Telefonate.

Das beste daran ist, daß ich es nie benützen werde. Aber die Sicherheit, daß das Boot einsatzbereit ist, gibt mir Kraft. Das wichtigste bei einer Expedition ist, nie etwas zu vernachlässigen, auch wenn man es übertreibt. Die technische Seite des Abenteuers muß wie ein Puzzle zusammengesetzt werden. Wenn nur ein Teilchen fehlt, kann die ganze Aktion baden gehen.

Viele Sponsoren verstehen das nicht. Sie nehmen den Mißerfolg in Kauf, weil sie sich weigern, eine Kleinigkeit zu finanzieren, die oft in keinem Verhältnis zu den Summen steht, die dem ausgesuchten Mann oder der Gruppe bereits zugesprochen wurden. Ich habe Glück, sie sagen zu.

Am Sonntag, 6. April, habe ich zwar ein Kanu dazugewonnen, dafür aber mein Fischbein verloren. Während meiner ganzen Reise war es das einzige Stück, das ich auf dem Packeis vergessen habe. Dummerweise war es in einem weißen Futteral verstaut. Es muß in den Schnee gefallen sein, ohne daß ich es gesehen habe.

Das Fischbein steckte in der Öffnung meines Innenschlafsacks und verhinderte, daß er mir im Schlaf aufs Gesicht fiel. Es hatte dieselbe Funktion wie das kleine Loch im Klettverschluß des Außenschlafsacks, nämlich die Luftzufuhr zu sichern. Wir hatten eine freundschaftliche Beziehung zueinander, das Fischbein war der Wächter meiner Nächte. Manchmal passierte es, daß es sich zu stark oder zuwenig bog und den Klettverschluß aufriß bzw. verschloß. In beiden Fällen wachte ich wütend auf, entweder mit den Zähnen klappernd oder halb erstickt. Dann beschimpfte und beleidigte ich meinen Wächter: „Hör mal, ich muß mich ja schon um alles hier kümmern, kannst du denn in Gottes Namen nicht auch etwas aufpassen!" Nachdem ich es verloren hatte, benützte ich ein ähnlich gebogenes Kochgeschirr, bis mir das Flugzeug ein neues Fischbein mitbrachte.

Je tiefer ich in diese Eiswüste vordringe, um so inniger wird die Beziehung zwischen meiner Ausrüstung und mir, die eigenartig, ja oft auch lustig ist. Man muß sich vorstellen, daß ich ohne die Vollständigkeit meiner Ritterrüstung hier draußen nicht lange überleben würde. Jedes Teil hat einen ganz genau festgelegten Part zu spielen, und oft rufe ich es mit Namen. Der Kocher zum Beispiel ist das Heilige Sakrament. Solange er funktioniert, kann ich überleben, wenn er kaputtgeht, bedeutet das den Tod. Neben einem Paar Handschuhen ist er der einzige Ausrüstungsgegenstand, den ich doppelt mithabe. Aber ich kenne das Gesetz der Serie, sicher werden sie beide gleichzeitig ausfallen. Wenn ich an einem der Kocher eine Dichtung auswechsle, ist das ein großer zeremonieller Augenblick. Ich bin angespannt und konzentriert, als würde ich eine kultische Handlung zelebrieren.

Das Positions-Sendegerät habe ich „Kleiner Verräter" getauft, weil kein Signal anzeigt, ob er sendet, obwohl eigentlich ein Licht blinken müßte. Diese Lichtkontrolle wurde weggelassen, um die Batterien zu schonen. Erst viel später entdeckte ich, daß ich sein Signal – ein „Tschut-Tschut" alle 50 Sekunden – auf einer regulären Frequenz empfangen kann, wenn ich es während meiner Funkgespräche unter der Antenne des Funkgerätes aufstelle.

Am Nachmittag kommt wieder Wind auf. Die Luft ist feucht, der Schnee schmierig und klebt am schwerbeladenen Schlitten. Ich muß wie ein Ochse ackern, um ihn zu bewegen. Nach siebeneinhalb Stunden Marschzeit zwingt mich mein Körper anzuhalten. Er kann nicht mehr.

Mein Instinkt kündigt mir für morgen einen Blizzard an. Dieser Westwind, dieses Gefühl von Hitze sogar bei minus 35 Grad, der klebrige Schnee und das milchige Licht, all dies bestätigt meine Ahnung. Für morgen muß ich auf einen regelrechten Sturm gefaßt sein.

Ich hatte recht. Montag, den 7. April, verbringe ich im Zelt. Draußen tobt der Schneesturm. Die Erinnerung an den furchtbaren Schrecken von gestern abend läßt mich nicht los. Nur wenige Meter von meinem Camp entfernt hat sich eine Eisspalte aufgetan. Und heute wiederholt sich das Ganze, ein sich steigerndes Geräusch, das klingt, als ob

Der Kontakt über Funk ist lebenswichtig

Alupapier ganz langsam zerreißen würde. Die Sicht ist gleich Null, und das Geheul des Windes wird immer kräftiger. Bald hat es das makabre Geräusch der sich bewegenden Eisplatten erstickt. Nur noch die Erschütterungen des tauenden Eises bleiben. Es wird immer schwieriger festzustellen, ob das alles direkt unter mir passiert oder noch weit weg ist.

Meine größte Angst ist, daß sich eine Spalte direkt unter der Bodenmatte öffnen könnte. Es besteht zwar keine Gefahr, ins Wasser zu fallen, denn das Eis bricht langsam auseinander, und ich hätte immer genug Zeit, mich in Sicherheit zu bringen. Ich fürchte vor allem, daß das Zelt auseinandergerissen werden könnte, die Ausrüstung auf einer Seite der klaffenden Spalte bliebe und der Schlitten auf der anderen. Die Funkantenne, das Wertvollste, hinge zum Zerreißen gespannt über der Bruchstelle. Wie könnte ich das alles wieder reparieren und hinbiegen?

Aber im Augenblick entscheide ich mich für eine Vogel-Strauß-Politik und sage mir, daß das bald vorbei sein wird. Der Wind bläst noch immer. Allmählich erreicht er 100 Kilometer pro Stunde, meinem vom Segeln geübten Ohr kann man da nichts vormachen. Um elf Uhr abends krieche ich hinaus und baue eine Schutzmauer. Draußen, dem Blizzard schutzlos ausgeliefert, treffen die mit Eiskristallen gesättigten Windstöße wie Fausthiebe auf meine Schneemaske. Ich bin sofort blind. Wenn ich mich mit dem Rücken zum Wind drehe, bildet sich eine Wehe um meine Kapuze. Die Graupel tanzen wie verrückt vor meinem Gesicht, sie vermischen sich mit meinem Atem und überziehen das Glas der Maske mit einem Eisfilm. Ich sehe noch weniger, aber ich habe keine Alternative.

Tastend brauche ich eineinhalb Stunden, um die Mauer zu bauen. Nachts gehe ich alle zwei Stunden hinaus, um den Schnee, der sich hinter der Mauer ansammelt, wegzuschaufeln. Wie bei einer sehr subtilen chinesischen Folter wache ich jedesmal wieder vom zunehmenden Druck des Schnees auf meinen Füße auf, denn die Schneewehe verläuft entlang der Fußseite des Zeltes, dessen Plane zum Zerreißen gespannt ist. Mehrmals kann ich nur knapp einen Riß verhindern.

Am nächsten Tag geht es genauso weiter. Ich rufe mir den schlimmsten Sturm ins Gedächtnis, den ich jemals erlebt habe, auf hoher See bei Grönland, jenseits vom Kap Farewell. Die ganze Mannschaft hatte sich nach unten verzogen und wartete auf das Abflauen des Sturmes. Das Boot war schutzlos den riesigen Brechern ausgeliefert.

„Komm, Papy, beschwere dich nicht, hier gibt es wenigstens kein Stampfen und Schlingern, es ist ein sicheres, unbewegliches Meer!"

In diesem Moment erbebt das Packeis, es ist, als ob eine Schlange ganz schnell unter meinem Rücken hindurchgeschlüpft wäre. Beißt sie, beißt sie nicht? Nein, um mich herum ist alles stabil und intakt. Fast habe ich Sehnsucht nach den großen Brechern, sie sind eine offenere, ehrlichere Gefahr als diese bösartige, heimtückische Eiswelt. Ich habe zwar nie ein schweres Erdbeben erlebt, aber das Warten auf den nächsten Stoß, von dem Überlebende immer berichten, ist meinem Empfinden hier sicher nicht unähnlich. Komplett angezogen, tief im Finstern meiner Schlafsäcke vergraben, lauere ich auf die leiseste Bewegung, bereit, mich nach draußen zu stürzen, wenn es kommt.

Um 14 Uhr läßt der Wind schließlich nach. Die Temperatur ist auf minus 25 Grad gestiegen. Dicke schwarze Wolken hängen über den Eisfeldern, Wasserdampf, der aus den Spalten aufsteigt und in der eisigen Luft kondensiert. Es sieht aus, als ob das Packeis nach einem Bombenangriff überall brennen würde. In der Ferne kann ich erkennen, wie Eisblöcke umfallen. Das Geräusch, das dabei entsteht, ähnelt dem tiefen Ton von Kanonenschlägen.

Die Tage sind jetzt ziemlich lang. Es gibt keine Nacht mehr, obwohl die Sonne für kurze Zeit untergeht. Soll ich wieder aufbrechen? Das Licht gefällt mir nicht. Nein, ich bleibe. Ich spiele mit dem Funkgerät und bekomme durch Zufall Kontakt mit dem Piloten einer Maschine der Air France, die von Paris kommt und auf dem Weg nach Anchorage ist. Er ist gesprächiger und herzlicher als sein Vorgänger.

Er hat keinen guten Empfang, aber es gelingt uns, einige Sätze zu wechseln. Zum Abschied ruft er mir zu: „Ich werde zu Hause von Ihnen erzählen!" Vielleicht werden andere durch ihn an meinem Abenteuer teilnehmen.

Um mich herum ist immer noch die ewig weiße Wüste. Ich kampiere bei zwei großen Eisblöcken, die wie Pyramiden geformt sind. Sie schützen mich sehr gut vor den immer wiederkehrenden Attacken des Blizzards.

Gegen sechs Uhr, als ich gerade mein Abendessen einnehme, die Suppe auf meinen Knien balanciere, höre ich ein langgezogenes „Ou-Ou-Ou". Meine Hand bleibt mit dem Löffel in der Luft hängen. Was ist das? Spinne ich? Natürlich, das muß es sein, ich habe Halluzinationen! Plötzlich kapiere ich: Es ist Steger! Die Schlittenhunde der Eskimos bellen so. Ich stelle die Suppe ab und stürze voller Angst, sie zu verpassen, nach draußen. In rasendem Tempo ersteige ich den nächsten Eisbuckel, und von dort sehe ich die Karawane direkt unter mir wie in einem Traum vorbeiziehen.

Steger sieht mich. Wer von uns beiden ist wohl überraschter? Ich denke, auch er wird einige Sekunden lang an seinem Verstand gezweifelt haben, als er mitten im arktischen Ozean einen Mann auf einem Eisblock erspähte.

Er springt von seinem Schlitten und läuft auf mich zu. Einen kurzen Moment sehen wir uns stumm an, sind nicht sicher, daß wir nicht doch träumen. „Etienne?" – „Steger?" und wir fallen uns einmal, zweimal in die Arme. Dieses Zusammentreffen ist absolut unglaublich, und wir sind erschüttert, verblüfft, baff.

Seit dem Start waren wir ein bißchen wie Hund und Katze. Jeder hockte in seinem Winkel des Packeises. Per Funk konnten wir Gerüchte über die Fortschritte des anderen empfangen. Dadurch ist ein gewisser Zauber entstanden und die Vorstellung, wir würden ein Wettrennen auf dem Weg zum Pol veranstalten. Jetzt, wo wir uns umarmen und uns in die Augen sehen können, merken wir, wie kindisch diese Haltung war. Das, was wir erleben, ist so hart, so anstrengend, daß wir nicht anders können als uns in diesem völlig unmenschlichen und gastfeindlichen Klima zu mögen.

Hier ist kein Platz für Konkurrenz. Wir sind so weit gekommen, um etwas viel Reicheres daraus zu schöpfen. Die lächerliche Angst, wer von uns beiden der erste oder der letzte sein wird, ist verschwunden. Stegers Augen spiegeln nur Verblüffung und Seelenverwandtschaft wieder.

„Es ist verdammt hart hier", sage ich zu Steger.

„Ja, verdammt hart", antwortet er.

Uns reicht das. Seine Begleiter kommen näher, Hände werden geschüttelt. Sie sind nur noch zu siebt, darunter auch eine Frau, Ann Bancroft. Bob Mac Kerrow mußte in der ersten Woche nach einem Unfall zurückgeholt werden.

Die gegenseitige Sympathie ist herrlich, sie verschlägt uns die Sprache. Wir machen uns nichts vor, es reicht, unsere Gesichter zu sehen. Sie sind hager von der Anspannung, bedeckt von Erfrierungen und Narben. Ich weiß, daß sie dasselbe wie ich durchgemacht, die gleichen Ängste durchgestanden haben. Gemeinsam gehen wir zur anderen Seite des Eisblocks, sie wollen unbedingt mein Camp sehen.

„Oh boy!" rufen sie ununterbrochen beim Anblick meines winzigen Zeltes, verblüfft über jeden einzelnen meiner Ausrüstungsgegenstände. Sie erinnern mich an große Kinder, die mitten im Packeis ein Puppenhaus entdeckt haben. Es muß ihnen alles so klein vorkommen, so reduziert auf das Wesentliche, verglichen mit ihren Schlitten, die zusammen mehr als zwei Tonnen Material transportieren.

Sie können sich nicht davon trennen, sind voller Bewunderung und sehr neugierig. Ich merke, daß sie versuchen einzuschätzen, wieviel Einsamkeit und Risiko, aber auch Autonomie und Freiheit es bedeutet, mit dieser abenteuerlichen Ausrüstung zum Pol zu marschieren, mit nur 50 Kilo Gepäck!

„Oh boy, fifty kilo, I can't believe it!" Sie fotografieren mich, sie filmen mich, es ist, als wäre ich ein Außerirdischer. Steger und ich posieren für die Nachwelt, das macht verdammt viel Spaß. Für die Kamera wiederholen wir die Szene unserer Begegnung, ein fast historischer, großartiger Augenblick.

Ich biete ihnen etwas Suppe an. Plötzlich sind die sieben Gesichter wie versteinert. Im perfekten Einklang schütteln sie die Köpfe. „No", erklingt es im Chor, ihre Lippen sind plötzlich verzerrt. „Wir machen eine Expedition ohne Versorgung von außerhalb..." Und lehnen ab.

Ich akzeptiere das, aber ich finde, daß sie etwas übertreiben, wenn sie die Regeln so ernst nehmen, daß sie sogar französische Suppe am Nordpol ablehnen, damit ihnen nicht fremde Unterstützung unterstellt werden kann. Nach diesem Mißton trennen wir uns. Sie müssen weitergehen, um ein passendes Gebiet für ihr Camp zu finden. Wir vereinbaren, uns morgen wiederzutreffen.

Immer wieder höre ich nachts das eigenartige Bellen ihrer Hunde. Diese Nähe von etwas Lebendem, von Freunden, nehme ich mit in den Schlaf wie ein Wunder.

9. April. Es ist kein gewöhnlicher Tag heute. Vor genau einem Monat bin ich aufgebrochen. Und ich habe ein Rendezvous mit Steger.

Länger als eine Stunde folge ich in schnellem Marschtempo ihren Spuren, bevor ich das Camp entdecke. Es ist unmöglich, es zu verpassen: zwei gelbe Kuppelzelte, vier in Sternform aufgestellte Schlitten und vier gespannte Ketten, die am Boden festgemacht sind und an denen 36 Hunde in einem Abstand voneinander angeschirrt sind, der jeden Kontakt untereinander verhindert. Als ich um acht Uhr ankomme, schläft das Camp noch. Nur einige Hunde, die mich gehört haben, heben den Kopf und strecken sich unter leisem Geklirre der Ketten.

Ich habe meinen Schlitten bis zum Eingang eines der Zelte gezogen, aber nichts rührt sich. Sogar die Hunde haben sich wieder hingelegt, sie sind nicht im mindesten überrascht über diesen ungewöhnlichen Besuch. Würden sie sich genauso verhalten, wenn ein Bär, den sie nicht kennen, so nahe käme? Genau das ist Uemura passiert. . . Als der Bär am Zelt herumschnüffelte, haben seine Hunde nicht reagiert.

„Steger, Steger!" rufe ich, aber niemand antwortet. Ich zögere, lauter zu schreien, ich traue mich nicht, sie zu wecken. Das Wetter ist gut, und ich möchte nicht noch mehr Zeit mit Warten verlieren. Da sie sowieso schneller gehen als ich, können sie mich ja einholen, wenn sie meinen Spuren folgen.

Ich beschließe aufzubrechen, aber nach 100 Metern bekomme ich Gewissensbisse und kehre um.

„Steger!"

„ Yes, come in, Jean-Louis."

Ich krieche durch die Lüftungsklappe in das Zelt. Innen ist alles gelb, von der Sonne beschienen. Ihr Zelt ist viel höher als meines, ich kann aufrecht stehen. Zu dritt liegen sie in ihren Schlafsäcken auf Karibufellen. In der Mitte steht eine große Konservendose, die ihnen als Pissoir dient, sie ist fast voll mit gefrorenem Urin.

Bei drei Personen bildet sich mehr Kondenswasser, und die Lüftungsöffnung des Zeltes ist von einem Eispfropfen verstopft. Alles kommt mir unordentlich und ungepflegt vor; mit meiner Gewohnheit, täglich eine halbe Stunde lang alles auszubürsten, komme ich mir wie ein Sonderling vor.

Man muß auch sagen, daß sie seit ihrem Aufbruch weder Kleidung noch Schlafsäcke ausgewechselt haben. Abends heizen sie im Zelt, damit die Sachen etwas trocknen, aber das reicht nicht aus.

Sie bieten mir Tee an, den ich gerne annehme. Sie sind sehr herzlich. Will Steger fragt nach meiner Adresse, er möchte mich im Herbst in Paris besuchen. Paul aus Kanada erzählt mir von seinem zweiten Kind, das kurz vor seinem Aufbruch zur Welt gekommen ist. Die Gespräche sind sehr vertrauensvoll. Wir reden über die Technik, aber immer wieder tauchen dieselben Worte auf: Es ist hart, sehr hart.

Sie schlagen mir vor, ihren Spuren zu folgen, um Zeit zu sparen. Sie sind schneller als ich und haben außerdem eine Vorhut. Ein Mann ohne Gepäck erkundet mit einer Stunde Vorsprung die Piste und markiert sie mit kleinen Wimpeln. Für heute bin ich einverstanden, später wird man sehen.

Gegen Mittag brechen wir auf. Im Herzen dieser Karawane fühle ich mich wohl. Die Hunde leisten unglaubliche Arbeit. Ich hätte nie gedacht, daß sie so große Hindernisse mit so schweren Lasten überwinden können. Im Augenblick kann ich ihnen auf diesem chaotischen Gelände mühelos folgen. Ich merke, daß sie ihre Route ganz anders wählen als ich. Sie schlagen größere Bögen und umgehen fast grundsätzlich jedes Hindernis an der Ostseite. Die Hunde sind durch meine Anwesenheit verwirrt, gelegentlich bleiben sie auf meiner Höhe stehen, was den Rhythmus durcheinanderbringt. Gegen Ende des Nachmittags werden wir vom ersten großen Riß im Packeis, der erst frisch zugefroren ist, gestoppt.

Wir sind in einem Gebiet von großer Aktivität, das sich sowohl nach Osten als auch nach Westen erstreckt. Das Eis ist noch zu dünn, um die Hunde da rüberzuschicken. Offensichtlich ist der Tag hier zu Ende. Ich habe Lust, diese

Nacht bei ihnen zu bleiben, aber die Vorstellung, ein Hindernis vor mir zu haben, ist mir unerträglich. Vorsichtig teste ich das Eis, ich komme problemlos rüber.

„Du hast mehr Mut als ich", sagt ihr Vordermann.

Nun, ich bin es gewöhnt, dünneres Eis zu überschreiten, weil ich weniger Gewicht habe. Für ihre Schlitten mit 500 Kilo Last ist das nicht machbar.

Steger beschließt, das Camp aufzuschlagen. „Wir werden hier auf das morgige Flugzeug warten", sagt er. „Bis dahin wird das Eis wohl wieder gut zugefroren sein." Sein Optimismus bezüglich der Landemöglichkeit des Flugzeugs überrascht mich, er macht überhaupt nicht den Eindruck, beunruhigt zu sein.

Jeder bereitet sich in seiner Ecke auf die Nacht vor. Nachdem sie die Hunde gefüttert haben, kommt Steger zu einem kurzen Gespräch in mein Zelt. Ich glaube, daß ihm die Gruppe manchmal zuviel wird.

„Ich mache oft Ausflüge allein", erzählt er. „Ich liebe das." Und er vertraut mir seine Sorgen an: „Dieser Eisbruch ist die Art von Hindernis, die ich am meisten fürchte. Wenn das schon bei 85 Grad 30' anfängt, werde ich nie den Pol erreichen. Ich habe nur noch Lebensmittel für zwanzig Tage, das heißt bis Anfang Mai."

Wir führen diesen zu frühen Eisbruch auf den Blizzard der letzten 48 Stunden zurück. Bei diesem Gespräch gibt es lange Schweigepausen, die für unsere tiefe Verbundenheit sprechen. Wir sehen uns an und denken beide gleichzeitig an die rätselhafte Konvergenz unserer Routen.

„Ist dir klar, was es heißt, sich hier mitten im Ozean zu treffen, auf einem Meer ohne Horizont. . . Das war eigentlich undenkbar, unmöglich, ein solches Treffen, wo wir doch 50 Kilometer weiter westlich aufgebrochen sind!" meint Steger.

„Ich habe mir darüber so meine Gedanken gemacht. Ich habe beobachtet, daß ihr den ganzen Tag lang alle Hindernisse östlich umgangen habt. Wenn ihr das von Anfang an so gemacht habt, dann habt ihr euch so meiner Route genähert."

Die Amerikaner navigieren mit einem Sextanten und verlassen ihr Camp generell erst, nachdem sie mittags den Meridian anvisiert haben, wenn die Sonne also voll im Süden steht. So kennen sie die jeweilige geographische Breite. Die Länge müßte zwischen dem 74sten und 75sten Längengrad West liegen und dürfte sich nicht geändert haben, wenn sie immer nur nach Norden gegangen sind wie ich, mit Hilfe einer Uhr, deren Stundenzeiger einmal in 24 Stunden das Zifferblatt durchläuft.

Aber Steger und seine Gruppe brechen zu einer Zeit auf, wenn die Sonne bereits nach Westen wandert, alle Konturen im Osten verwischt und die Umrisse der Hindernisse abrundet. Bei Sonnenuntergang taucht das Licht die Landschaft in rote Glut, alle Hindernisse werfen lange Schatten, die finster sind wie unüberwindbare Mauern. Zu dieser Zeit erscheint das Gelände im Osten viel einfacher, was die Abweichung ihrer Route erklären könnte. Auch ich erlebe dieses Phänomen jeden Tag, nur teile ich meinen Tagesrhythmus zu gleichen Teilen auf Vor- und Nachmittag auf. So gleicht sich meine Route wieder aus, weil meine Abweichung vom Morgen durch die am Nachmittag wieder aufgehoben wird.

Steger lädt mich für später zu einer Popcorn-Party auf dem Packeis ein. Sie wollen heute abend einen Schlitten in einem ganz kleinen, speziell dafür vorgesehenen Ofen verbrennen. Sie hoffen, daß sie in seiner Wärme ihre Kleidung und die Schlafsäcke trocknen können, die mit Wasser vollgesogen sind. Leider versäume ich die Wärme und den guten Duft des Rauches, weil ich unmittelbar nach Stegers Weggang einschlafe.

Zurück in die Einsamkeit

Am Morgen des 10. April beschließe ich, das Flugzeug abzuwarten, das ihre Hunde holt. Michel Franco, der alles per Funk verfolgt, merkt, daß ich immer noch bei den Amerikanern bin. Ihr Funkgerät meldet, ich solle auf Empfang gehen, weil er mir eine Nachricht durchgeben muß.

„Was machst du denn noch da? Geh los, Papy! Du hast schon genug Zeit mit dem Blizzard verloren, vergeude nicht die wertvollen Tage. Das Flugzeug wird heute nicht kommen. Hoffst du etwa auf ein kleines Mitbringsel vom Basiscamp? Gut, ich habe etwas für dich vorbereitet, aber hier kann niemand sagen, wann das Flugzeug starten wird. Los, reiß dich zusammen und verlasse das Camp!"

Ich verfluche ihn, aber ich breche auf. Michel weiß, wie schwierig es ist, in einer so ungastlichen Gegend auf menschliche Wärme und die Sicherheit der Gruppe zu verzichten. Wieder einmal ist es hart, aber er hat recht. Gegen elf Uhr habe ich meine Sachen zusammengepackt.

Die Polfalle, Träume und immer wieder das Eislabyrinth

Meinen einsamen Marsch habe ich nun fortgesetzt. Stegers Flugzeug kommt auch heute nicht, weil das schlechte Wetter in Resolute Bay jeden Start unmöglich macht. Aber er ist entschlossen weiterzumarschieren, bis die neun Hunde, denen er von jetzt an nichts mehr zu fressen gibt, erschöpft sind. Er hofft, daß das Flugzeug morgen kommt.

Ich kann mir vorstellen, daß die Tierfreunde dies mit Empörung lesen, aber ich kann sie beruhigen. Die Hunde werden nichts mehr ziehen, denn ihr Schlitten ist verbrannt worden. Sie werden herumtollen, auch ohne Nahrung. Diese Rasse kann sehr gut ein oder zwei Tage darauf verzichten, ohne ernsthaft in Lebensgefahr zu kommen. Wir haben uns weit entfernt von den Expeditionstechniken am Anfang dieses Jahrhunderts, als die überflüssigen Hunde, deren Schlitten sich mit der Zeit geleert hatten, getötet, abgehäutet und vor Ort zerteilt wurden und so einen Vorrat frischen Fleisches für die Expeditionsteilnehmer und die restlichen Hunde lieferten.

Wie auch immer, ich beneide Steger nicht. Neben dem Problem, wie er die Hunde zurückbringen soll, könnten ihm die Wege mit den frisch zugefrorenen Wasserflächen mit dem dünnen Eis den Weiterweg zum Pol versperren.

Unter ausrüstungstechnischen Gesichtspunkten betrachtet sind wir beide absolute Gegensätze: Steger folgt dem traditionellen Expeditionsstil und benutzt Schlitten, deren Form sich seit 1909 im Prinzip nicht geändert hat. Mein Prinzip ist das einer größtmöglichen Anpassung an die Arktis. Einziges Ziel ist Leichtigkeit, egal zu welchem Preis. Trotzdem halte ich den Atem an, als ich zwei aufeinanderfolgende, nicht umgehbare Risse überqueren muß, deren Eis noch ganz jung ist und knirscht. In der Mitte bricht mir der kalte Schweiß aus. Sobald ich auf der anderen Seite auf altem, ruhigem Eis angekommen bin, fühle ich mich erheblich besser.

Aber dieses Packeis ist auch weiterhin stark zerklüftet. Am Nachmittag treffe ich nur auf zwei flache Gebiete, sonst gibt es nur Rillen und Furchen in endloser Folge. Dazwischen liegen schlecht tragende Schneeflächen. Das Gehen ist sehr mühsam. Abends mache ich halt, ohne besonders weit gekommen zu sein. Das Camp ist sehr ruhig, ja fast zu ruhig, ich bin wieder in meiner Einsamkeit gefangen. Sie lastet schwer auf mir, und nach dem Essen fühle ich mich fast traurig.

Per Funk erfahre ich, daß mich die Abdrift in den zwei Ruhetagen während des Blizzards ungefähr 15 Kilometer nach Osten und zwei Kilometer nach Norden geführt hat. Hurra! Der Blizzard ist vom Feind zum Freund geworden. Wie sehr gleicht das Packeis doch einem riesigen Floß, das an der Kontinentalverschiebung am Gipfelpunkt unseres Planeten aus Milliarden Tonnen von Eis geformt und von den Luftmassen, die sich hier umwälzen, hin und her getrieben wird.

Plötzlich überkommt mich die Vorstellung, daß die Erde einem Berg gleicht, den ich besteige. Ich bin ein winziger verlorener Punkt irgendwo da oben, der sich langsam dem Gipfel, dem Nordpol, nähert, der letzten Grenze zwischen Erdkugel und dem Weltraum. Trunken von dieser verlokkenden Phantasie schlafe ich ein. Aber ich muß noch fünf Grade erklettern, heute bin ich erst bei 85 Grad 29′, es folgen 86, 87.., 88.., 89... 90! Das wird noch lange dauern und sehr anstrengend werden. Egal was kommt, es hat sich schon gelohnt, bis hierher gekommen zu sein und mit einem solchen Bild zu spielen.

Freitag, der 11. April, ist ein Rekordtag bei meinem Aufstieg auf den Gipfel der Erde. Ich bin 19 Kilometer gelaufen, ich spüre es in meinem Rücken und in den Beinen. Wem habe ich das zu verdanken? Sicher zunächst dem verbesserten Zustand des Eises. Aber vielleicht auch dem Enthusiasmus, den meine Vision vom Vorabend ausgelöst hat. Und die Nachwirkungen der Ermahnung des strengen Michel haben mir sogar noch nach 24 Stunden den Rücken gestärkt. Diese drei Komponenten, gutes Gelände, eine verlockende Phantasie und ein gnadenloser Antreiber sind das Erfolgsrezept für ein zügiges Vorwärtskommen.

Seit geraumer Zeit beobachte ich am Himmel das Flugzeug der Bradley Airline Company, das in einem netzförmigen Raster das Packeis absucht. Sie fliegen ziemlich hoch und halten Ausschau nach Steger. Es dauert eine gute Stunde, bis sie landen und wieder starten. Also kommen die Hunde endlich heim, ich freue mich für sie.

Michels Stimme heute abend am Funk: „19 Kilometer, Papy, das ist phantastisch! Ich wiederhole: 19 Kilometer, Wahnsinn!" Er scheint hinter seinem Mikro bester Laune zu sein. Er jubelt, während ich auf die ersten Krämpfe warte, die durch meine steinharten Beine schießen. Aber ich bin froh, daß er zufrieden ist, und widme ihm diesen Tag. Ich weiß, daß meine Mannschaft in Resolute inzwischen an einiges gewöhnt ist. Ich nütze das aus und bestelle mir Süßigkeiten für den nächsten Nachschub: Pfannkuchen, die ich in Resolute seit der Expedition im Vorjahr gelagert habe. Sie sind aus Weizenmehl, Olivenöl und Butter, sehr nahrhaft und angenehm gegen den kleinen Hunger auf dem Weg zum Nordpol.

Am nächsten Tag bin ich völlig k. o., denn wieder herrscht das Eischaos. Acht Stunden Marsch durch ein Wirrwarr türkisfarbenen Eises, das den Horizont verdunkelt. Manche Wege können sich mit den schlimmsten Strecken im Ice Shelf messen. Nur noch die Wut darüber, hier auf so etwas zu stoßen, zwingt mich, weiterzugehen, sie verdoppelt meine Energien.

Zu allem Überfluß ist der Schnee, der durch den Blizzard angeweht wurde, harschig und bricht unter den Skiern ein. Es wird unerträglich, wenn ich mich abstütze, um den Schlitten zu befreien, der an irgendeiner Unebenheit hängt. Der Schnee gibt nach, und ich sinke jedes Mal 20 Zentimeter tief ein. Es kostet zwar nur wenig Energie, hier herauszukommen, aber wenn das ununterbrochen passiert, summiert sich die Anstrengung. Glücklicherweise ist mein Schlitten eher ein Rennrodel und kein Kufenschlitten.

Ich frage mich, was Stegers Hunde in diesem verdammten Gebiet machen werden, wo die Oberfläche alle paar Meter eine andere Konsistenz hat. Ich habe mit ihm darüber gesprochen, und er hatte mir anvertraut: „Wenn es Schnee gibt, werde ich nie ankommen, wenn es eisig ist, habe ich eine Chance." Die armen Tiere! Sie werden fast bis zum Bauch einsinken und jegliche Zugkraft verlieren. Die Mannschaft wird von den Schlitten absteigen müssen und mitschieben, schleppen und die eineinhalb Tonnen Ausrüstung aus dieser weichen, weißen Falle herausziehen müssen. Ich empfinde Mitleid mit meinem Leidensgenossen und hoffe von ganzem Herzen, daß er trotzdem sein Ziel erreicht.

Abends zeigt mein „kleiner Verräter" 16 Kilometer und 200 Meter an. Einmal wieder erscheint mir das sehr ansehnlich. Technisch ist es ein Beweis, daß ich, im Vergleich zum ersten Eischaos, große Fortschritte in der Anpassung an meine Umgebung gemacht habe.

Am Sonntag, den 13. April, wird mir zum erstenmal heiß beim Marschieren. Es sind zwar minus 30 Grad, aber ich ziehe meine Handschuhe aus. Natürlich ziehe ich sie sofort wieder über, wenn ich für zwei Minuten stoppe, denn die Gegenoffensive der Kälte erfolgt unmittelbar und ist massiv, sobald die körperliche Anstrengung aufhört.

Ich habe es bereits gesagt, meine Hände vertragen die niedrigen Temperaturen sehr gut. Im Basiscamp, bei minus 40 Grad, trug ich beim Training nur ein Paar Wollhandschuhe, die völlig ausreichten. Üblich ist, zunächst ein Paar Seidenhandschuhe anzuziehen, dann Wollhandschuhe darüber und schließlich riesige Fäustlinge über beide. Ich muß mich nicht derartig vermummen. Natürlich hilft auch der Einsatz der Skistöcke, meine Hände in Bewegung zu halten.

Aber generell bin ich wohl weniger kälteempfindlich an den Händen als die meisten Leute. Wenn ich in den Alpen Ski fahre, ziehe ich die Handschuhe meist aus. Hier auf dem Packeis ist es zwar viel kälter, aber es bläst nicht das leiseste Lüftchen, und ich habe nicht so eine Geschwindigkeit, wie wenn ich einen Abhang hinunterfahre, das gleicht die niedrige Temperatur wieder aus.

Auf jeden Fall hat es drei Vorteile, bei minus 30 Grad keine Handschuhe zu tragen: Zunächst werden sie weniger mit Eis imprägniert, das sich aus dem Schweiß bildet; dann erspart es mir die Näharbeiten am Abend, die ich hasse; und schließlich spüre ich die Skistöcke besser. Mit nackten Händen kann ich ihren Griff viel exakter packen, das gibt mehr Druck. Mit den Handschuhen rutschen die Skistöcke immer ein bißchen ab, und ein Teil der Energie geht verloren.

Aber später im Zelt entdecke ich doch wieder einige offene Wunden auf meinen Handrücken. Ich komme zwar um Nadel und Faden herum, nicht aber um die endlose Zeremonie mit der Creme, die man auf der Wärmflasche zwischen den Beinen auftauen muß, bevor man sie auftragen kann.

Auch heute habe ich wieder einen ganz schwach zugefrorenen Riß überquert. Ich habe den Hintern zusammengekniffen, als müßte ich auf Eiern laufen. Es ist überstanden, allerdings hat der extreme Streß mich viel Nerven gekostet.

Aber im Vergleich zu dem Gegner, der mir heute abend den Weg abschneidet, war es lächerlich. Ein richtiger Eisfluß von etwa 500 Metern Breite erstreckt sich in Sichtweite von

Durch den glitzernden Schnee

West nach Ost. Seine Oberfläche knirscht und kracht und ist atemberaubend fein. Ich schätze, daß diese Polarfalle etwa einen Knoten Geschwindigkeit hat. Wird das Eis mich tragen? Ich schlafe sehr schlecht in dieser Nacht. Ich fürchte, daß meine Expedition hier zu Ende ist. Die Falle, die nur wenige Meter von meinem Zelt entfernt ist, erfüllt die Nacht mit dumpfen Geräuschen. Jedes Knirschen klingt wie ein höhnisches Lachen in meinen Ohren.

Das Duell beginnt in der Morgendämmerung. Die Falle wirkt wie ein gigantischer fließender Teppich, auf den ich vorsichtig meine Skispitzen gesetzt habe. Hoppla, die beiden Skier werden sofort weggezogen; ich zittere vor Schreck. Mißtrauisch mache ich mich nach hinten aus dem Staub.

Durch die empfindlichen Antennen meiner Skier, die in den Tagen auf dem Packeis zu einem aktiven Teil meines Körpers geworden sind, habe ich die kolossale Macht des Flusses gespürt. Angst kriecht wie eine Welle aus meinem tiefsten Unterbewußtsein an meinem Rücken hoch, macht mich nervös, hört einfach nicht auf! Ich nehme meinen Gürtel ab, ich gehe zurück, diesmal ohne Schlitten. Nacheinander setzte ich die Skier wieder auf den Fluß. Hoppla, sie stellen sich quer, Herr im Himmel, schon wieder diese Panik! Egal, ich darf nicht nachgeben, ich mache noch einen Schritt – so, da bin ich, auf dem Rücken des Monsters. Es ist rutschig, es vibriert stark, aber die Haut hält. Ich gehe ein paar Meter am Rand des Flusses entlang, entferne mich nicht vom Ufer, komme schließlich zurück. Die Angst ist bezwungen, aber wie ist es, wenn ich den Fluß überquere?

Mehrmals beginne ich meine behutsamen Streifzüge, bei denen mir der Schlitten als Orientierungspunkt für die Abdrift dient. Meine Spuren zeichnen immer größere Bögen in das Eis, je weiter ich mich vom Ufer entferne. Ich fasse

Zutrauen. Aber den Übergang zu wagen... das andere Ufer ist weit, sehr weit.

Los! Ohne selbst genau zu wissen warum, stürze ich mich direkt hinein. Ich spüre nichts, gar nichts, nur eine große Leere! Tschuuu... Tschuuu... meine Skier kratzen über die feine Eisschicht... tschuu... tschuu... der dünne Film, übersät mit winzigen Eisblumen, zerbricht unter meinen Skistöcken, es ist wunderschön, ein Traum oder ein Alptraum? Tschuuu... tschuuu... es ist endlos, es hört nicht mehr auf... mein Körper ist ein einziger großer Muskel... tschraaaa... tschraaaa... was ist das? Nichts, nur der Schlitten hinter mir! Ich habe völlig vergessen, daß er da ist. Bloß nicht nachdenken, nur das nicht, sonst fängt die Angst wieder an. Vergiß die Angst, denk an gar nichts. Wenn du durch das Eis brichst, wirst du in absoluter Stille sterben, krepieren, was für ein passender Tod!

Der Schweiß läuft in Strömen, aber ich darf nicht anhalten. Man muß so schnell wie möglich weitergehen, ganz vorsichtig, ganz zart. Jeder Schritt vorwärts mildert den Druck des Körpers und des Schlittens auf die Eishaut. Die Angst hört nicht auf... tschock... tschock, das ist das Geräusch der Stöcke auf dem Eis, die Angst wächst ins Unermeßliche, alles klingt jetzt dumpfer als vorher. Wenn das Eis alt und richtig dick ist, ist das Stockgeräusch hell, also ist das die Resonanz des Wassers darunter, direkt darunter. Wieviel Zentimeter? Fünf vielleicht? Mehr sicher nicht.

Das Eis hat jetzt fast die Farbe von Wasser. Ich konzentriere mich auf die Geräusche, nur auf die Geräusche, nur nicht auf die Füße schauen. Ich hebe die Augen... ich bin mitten auf dem Fluß! Rechts und links sehe ich zum ersten Mal den Horizont, der sowohl im Westen als auch im Osten wolkenverhangen ist. Ich habe das Gefühl, mitten auf dem Meer zu sein.

Die Geräusche wiederholen sich wie Morsezeichen, und das Eis hat noch nicht nachgegeben. Dunkle Schwaden bedecken die Oberfläche des gefrorenen Flusses vor mir. Ich weiß, das ist die Kondensation, aber die Szene wirkt unendlich düster. Wie weit ist es noch? Hundert Meter? Die Stöcke, die auf das Eis treffen, vibrieren plötzlich anders, es wird dicker, wieder diese Leere im Kopf, nichts als Leere.

Und dann ein phänomenales Geheul, ein gutturaler Schrei. Das bin ich, das kommt aus meiner Kehle, als ich das andere Ufer berühre. Die Falle ist nicht zugeschnappt. Sie entläßt mich mit tiefen Lauten, dann mit spitzem Knirschen, weil das Eis konstant gegen den Rand aus altem Packeis scheuert.

Ich löse das Gurtzeug des Schlittens, und zugleich überflutet mich tiefe Freude. Zwei sehr gegensätzliche Vorstellungen kommen mir in den Sinn: Einerseits habe ich das Gefühl, ein Eskimo geworden zu sein, ein geschickter „Herr des Eises", der einfach den Mut hatte, auf die andere Seite zu gehen. Ich habe überhaupt keine Angst mehr vor dieser Welt. Im Grunde hatte ich wohl nie Angst, ich bin auf dem Packeis geboren! Alles läuft so, als ob ich noch nie eine andere Realität gekannt hätte.

Zugleich fällt mir eine Geschichte ein, die mein Vater erlebt hat. Eines Tages war er bei einem Kardiologen, der ihm sagte: „Hören Sie, Ihr Herz ist nicht gerade in bester Verfassung. Sie müssen mit dem Fahrradfahren aufhören!" Was tat mein Vater? Er schnappte sein Fahrrad und radelte auf einen Hügel in der Nähe von Vielmur, dessen Steigung 21 Prozent erreicht. Oben angekommen stellte er sein Fahrrad ab und schrie wie ein Verrückter: „Ich bin nicht mehr herzkrank, ich bin nicht mehr herzkrank!" Er wollte sich überzeugen, daß es ihm gutgeht.

Für mich heißt diese Erfahrung: Mut ist auch nur eine Erfindung des menschlichen Geistes. Erleichtert breche ich auf. Ich mag die Vorstellung von Heldentaten nicht, ich mag nicht „stark" sein. Zum Abenteuer braucht es keinen Gewinner, keinen Sieger, keinen Kampf. Das Abenteuer, das ist ein Mann, der einen Eisfluß überquert, um für einige Sekunden die Welt aus dem Blickwinkel eines Eskimos zu sehen. Ist das nicht genug?

Danach bin ich acht Stunden ununterbrochen marschiert. Gegen Mittag hatte ich einen kleinen Anfall von Müdigkeit, begleitet von einer leichten Depression, weil die Strecke immer noch schwierig war. Inzwischen weiß ich, daß die Vorstellung, der arktische Ozean würde flacher werden, nur ein Köder war. Vor mir erstreckt sich bis zum Ende des Horizonts das Eischaos.

Ich leide unter Erfrierungen an der Nase. Und seit 72 Stunden beunruhigt mich auch ein Schmerz an der Blinddarmseite. Ich denke, daß es nur eine kleine Darmgrippe ist, eine Entzündung der inneren Organe, hervorgerufen durch den ständigen Druck des Schlittengurtes auf meinen Bauch. Aber gegen Ende des Nachmittags läßt sich der Schmerz immer besser lokalisieren. Ich glaube nicht an eine Blinddarmentzündung. Ich wollte mir den Blinddarm nicht einfach so, für die Expedition, herausoperieren lassen. Meine Erfahrung als Chirurg hat mir jede Bereitschaft genommen, mich freiwillig auf einen Operationstisch zu legen. Ich nehme Antibiotika. Wird das reichen? Wir werden sehen.

Etwas später bricht die Bindung an meinem linken Ski. Ich werde wütend. Ohne Skier bin ich hilflos. Das Gewicht meiner Füße direkt auf dem Eis übt einen solchen Druck aus, daß es unmöglich wäre, dünnere Eiszonen zu überwinden. Also bin ich jetzt unbeweglich. Der Nachschub, der mir eine Austauschbindung bringen könnte, ist für übermorgen vorgesehen. Ich werde 24 Stunden verlieren... Ich bin stocksauer!

Aber am nächsten Tag genieße ich es doch, mir so nahe am Nordpol einen gemütlichen Morgen zu machen. In Körperhöhe messe ich im Zelt null Grad Lufttemperatur, das ist überraschend, denn draußen sind es gute 25 Grad unter Null. Dieser Temperaturunterschied kommt von der Sonne. Mein dunkelblaues Zelt funktioniert wie ein schwarzer Körper. Es speichert die Wärme der Sonnenstrahlen. Hätte ich ein noch dunkleres Zelt mitnehmen können, hätte man das sicher an der Innentemperatur gemerkt. Aber es gibt auch einen Nachteil durch diesen spektakulären Temperaturanstieg. Das Eis in meiner Kleidung und in den Schlafsäcken ist geschmolzen, überall steht das Wasser.

Wie wird es jetzt wohl weitergehen? Ich glaube, jetzt wird es so laufen, wie das Packeis es will. Ich wünsche mir nichts sehnlicher, als daß es mich weiter zum Nordpol gehen läßt. Seit 40 Tagen bin ich unterwegs. Werde ich noch einen Monat durchhalten? Steger hat mich überholt. Gestern abend haben sie mir per Funk 86 Grad 46' nördlicher Breite als seine Position durchgegeben. Ich habe so meine Zweifel. Seine Angaben zur Navigation waren noch nie sehr genau gewesen. Es kommt mir unwahrscheinlich vor, daß er bei dem schweren Schnee und den ständigen Eishindernissen schon so weit gekommen sein soll.

Ich für meinen Teil habe drei Tage Vorsprung vor meinen finnischen Freunden, aber langsam schmilzt er durch diese idiotische gebrochene Bindung dahin. Die Bilanz: 172 Stunden Marsch für 188 Meilen, der Durchschnitt ist seit meinem Aufbruch immer noch derselbe. Ich habe noch 230 Meilen vor mir, bei diesem Tempo sind das 40 Tage, zuviel also. Ich muß es unbedingt in 30 Tagen schaffen, ich muß auf zehn Stunden Marsch pro Tag kommen.

Nein, da ist kein Irrtum möglich, es riecht nach Veilchen in meinem Zelt. Der Geruch steigt mir zu Kopf. Jetzt weiß ich, woher das kommt! Meine Mutter hat mir in einen ihrer Briefe ein Veilchen gesteckt, das ich in der Tasche meiner Hausjacke zusammen mit einigen Fotos, an denen ich hänge, aufgehoben habe. Da meine Kleidung feucht ist, seit die Temperaturen im Zelt etwas zivilisierter geworden sind, hat das Veilchen die Nässe aufgesogen und strömt nun einen betäubenden Duft aus, der alles andere überdeckt. Die Kraft dieses Aromas, das aus einer anderen Welt hierher auf das Packeis kommt, ist wunderbar.

Erinnerungen werden wach. Da waren die Osterferien bei meinen Großeltern und der Bach in Vielmur, an dem ich Veilchen pflückte. Wie soll ich nur diese Welle von Bildern zurückhalten, die in mir aufsteigt. Ich sehe mich Fallen für Blaumeisen und Bachstelzen bauen. Vogelfang war meine Leidenschaft, lebende Vögel natürlich. Ich behielt sie ein bißchen bei mir, bevor ich sie wieder freiließ. Es ist idiotisch, aber ich glaube, ich muß weinen.

Da haben wir's, ich weine. Hier, in dieser gottverlassenen Gegend weiß ich nicht, ob mich das eher fertigmacht oder mir guttut, wenn ich mich so gehenlasse. Ist es besser, Gefühle zu verdrängen und sich abzuhärten oder sie von Zeit zu Zeit herauszulassen, um sich wieder zu regenerieren? Ich weiß es bis heute noch nicht. Ich werde es auch nie wissen, nur das eine: daß mir das normale Leben schmerzlich fehlt.

Veilchen. . . Bachstelze. . . Lebenszeichen. . . mein Gedächtnis ist wie ein empfindliches Auge, das durch meine Vergangenheit irrt und nach einem bekannten Bild sucht. Jetzt hat es etwas gefunden: Das war im Himalaya, an der

Nordflanke des Mount Everest. Im Oktober 1983 bin ich mit Yannick Seigneur zu einer Besteigung über den Nordwestgrat aufgebrochen. Wir sind zweieinhalb Monate dort oben zwischen den einzelnen Camps geblieben: Camp 1, Camp 2, Camp 3 und Basiscamp. Exakt am 9. Oktober begann das schlechte Wetter. Ich saß völlig allein im Camp 1 fest. Schwere Schneeschauer, wiederholt Lawinen, Sicht gleich Null, die Umgebung war dicht.

Eines Morgens, am vierten Tag meiner erzwungenen Isolation, entdeckte ich eine graue Bachstelze vor meinem Zelt, deren langer Schwanz beim kleinsten Windstoß aufblitzte. Was für eine Überraschung! Wie konnte ein so kleiner Vogel hier landen, in fast 6000 Metern Höhe, unter so schrecklichen Wetterbedingungen?

Ich legte Futter vor das Zelt, denn sie war auf der Suche nach Nahrung. Jedesmal, wenn ich mich ihr näherte, wich sie ein kleines Stückchen zurück. Sie saß zusammengekauert da, war erschöpft und durch das schlechte Wetter und die Kälte völlig verschreckt. Ich habe versucht sie zu fangen, um sie mit ins Warme zu nehmen, aber es ist mir nicht gelungen. Mangels anderer Möglichkeiten haben wir uns gegenseitig nur beobachtet.

Als ich am nächsten Morgen das Zelt öffnete, lag sie tot vor dem Eingang. Ich war sehr traurig. Ich hatte ihre Gesellschaft verloren. Ich glaube, in diesem Augenblick habe ich verstanden, wie schön es ist, in einer so feindlichen Umwelt ein lebendiges Augenpaar an seiner Seite zu haben. Ich hatte mir damals bereits den Nordpol in den Kopf gesetzt, und ich sagte mir: „Wenn du da alleine hingehst, dann nimm wenigstens ein Tier mit. Denk immer an die Augen der grauen Bachstelze."

Ich begann, eine Liste aller Tiere aufzustellen, die sich dem Eis anpassen könnten. Da waren natürlich die Hunde. Es mußte die Eskimorasse sein. Aber hier stellten sich schon die Probleme mit der Nahrung, ich war mit der Ladung meines Schlittens schon bis auf 100 Gramm genau ausgelastet. Und ein junger Bär? Das ideale Tier, falls Eisbären auftauchen, könnte er mit ihnen verhandeln! Und außerdem ist ein junger Bär wirklich niedlich, zärtlich, an den langen Abenden auf dem Packeis könnte er mich warm halten. Aber auch ihn müßte man ernähren. . .

Und ganz ehrlich, habe ich wirklich Lust auf die Gesellschaft eines so großen Tieres? Schließlich würde ein kleines Murmeltier oder eine Maus reichen. Ich hatte schon einmal gezähmte Mäuse, diese kleinen Tierchen sind rührend, sehr lebendig. Es könnte eine interessante Erfahrung sein. Wie würde sich eine Maus an den Nordpol anpassen? Wahrscheinlich gar nicht so schlecht. Unter dem Einfluß des Klimas würden ihr sicher lange Haare wachsen, und ich könnte eine außergewöhnliche Maus mit nach Hause bringen, deren Fell am Boden entlangschleift.

Zwei Jahre später machte mich Bezal in Resolute Bay mit einer ähnlichen Theorie bekannt, allerdings betraf sie Elefanten. „Wenn ich jemals zum Nordpol aufbreche, Jean-Louis, dann mit Elefanten, das schwöre ich dir!" Schwer zu wissen, ob er es wirklich ernst meinte oder ob er mich nur hochnehmen wollte. Bezal ist in Indien, in Madras geboren; seine Dickhäuter waren ihm genauso vertraut wie uns die Mäuse. „Ich würde die Elefanten hierherbringen lassen, sie müßten drei Jahre in dem großen Hangar dort hinten leben, damit man sieht, was passiert. . . Vielleicht würde ihnen in der Kälte ein Fell wachsen, und wir hätten schließlich Mammuts. Dann würde ich aufbrechen!" fügt er lachend hinzu.

Ich für meinen Teil hatte schließlich darauf verzichtet, die kleinste Spur von Leben mitzunehmen, nicht einmal eine

Maus mit Mammutfell. Ich hätte es ihr täglich schneiden müssen, um einen Blick mit ihr tauschen zu können. Und, ernsthafter betrachtet, wenn es ihr gelungen wäre, aus ihrem Käfig zu entkommen, hätte sie ohne mein Wissen die ganze Ausrüstung angeknabbert. Ein gewagtes Spiel! Ein Mauseloch in meinem Schlafsack bei minus 40 Grad. . . das wäre eine Erfrischung, auf die ich lieber verzichte.

Gegen Ende des Nachmittags finde ich eine relativ flache Piste für den morgigen Nachschub, aber ich fürchte, daß der Pilot sie zu kurz finden könnte. Ich brauche noch eine zweite als Ersatz. Auf Skiern breche ich gen Norden auf und lasse den Schlitten zurück. Das erste Ziel ist ein riesiger Eisblock, der an die zehn Meter hochragt.

Ich klettere hinauf, schaue mir von oben die Gegend an. Etwas weiter nordöstlich ist eine annehmbare Strecke zu erkennen. Ich laufe zunächst nach Norden und überquere ein kleines zerklüftetes Gebiet. Mit der Gewißheit, daß der Schlitten direkt hinter mir ist, wende ich mich nach Osten und durchquere einige wellige Zonen, bis ich dort ankomme, wo ich eine recht gute Landebahn vermutet hatte. Nun, sie ist nicht schlecht. Ich laufe sie ab, um sie zu vermessen, sie führt mich 200 oder 300 Meter nach Westen. Nein, das kann nicht klappen.

Ich beschließe, auf direktem Weg zum Camp zurückzukehren und nicht meinen Spuren zu folgen. Also, zuerst bin ich ein Stück nach Norden gelaufen, dann nach Osten, und schließlich noch nach Westen, also muß der Schlitten im Süden sein. Kein Problem. Ich orientiere mich, laufe los, laufe, laufe, kann ihn immer noch nicht sehen. Bin ich auf dem Hinweg denn so weit gelaufen? Schwer zu sagen. Ich drehe mich um, und plötzlich sehe ich den großen Eisblock, den ich vorhin bestiegen hatte. Ich gehe auf ihn zu, nein, das ist er nicht, da sind keine Fußspuren. Er ist ziemlich hoch, und ich klettere nach oben. Nichts zu sehen, weder im Süden noch im Norden. . . nur das weiße unberührte Labyrinth überall. Wo bin ich? Ich kann nicht glauben, daß der Schlitten verschwunden ist, daß ich verloren bin! Die blanke Angst befällt mich.

Niedergeschlagen steige ich hinunter. – Reiß dich zusammen, Papy! Werd jetzt nicht panisch. Die einzige Lösung ist, den gesamten Weg auf deinen Spuren zurückzugehen. Der Tag ist noch lang, die Sonne geht praktisch nicht mehr unter, du hast die ganze Nacht vor dir. Beruhigt breche ich auf.

Aber meine alten Spuren sind auf dem harten Eis oft kaum sichtbar, manchmal verschwinden sie ganz. Da kommt die Panik wieder! Ich irre auf dem Packeis herum, suche rechts und links und trete ganz hart auf, um meinen neuen Weg zu markieren, während ich hoffe, die Spuren des alten wiederzufinden.

Oft habe ich ihn und verliere ihn wieder. Ich bekomme Angst, mich wirklich verlaufen zu haben. Was ist das, dort unten? Ich glaube, meine Spuren auf dem ersten Eisblock neben dem Camp zu erraten. Sind das wirklich meine Spuren? Oder war das ein Eisblock, der heruntergerollt ist und am Abhang Schleifspuren hinterlassen hat? Egal, ich gehe hin!

Ich schichte Eisstückchen zu einer Pyramide, um meinen Ausgangspunkt zu markieren. Mit einer leisen Hoffnung marschiere ich los. Uff, was für eine Erleichterung, es sind tatsächlich die Abdrücke meiner Skier. Sie führen mich direkt zum Schlitten. Der Alptraum hat 20 Minuten gedauert, aber ich habe das Gefühl, seit Stunden im Kreis zu laufen. Ich habe die Tücke des Packeises unterschätzt und dabei eine ansehnliche Menge an Energie verbraucht. Heute abend bleibe ich hier. Ich ziehe meine Hausjacke an, der Duft des Veilchens beruhigt mich sofort.

Nachts spürte ich, wie das Packeis zittert. Es ist immer noch, als ob sich eine Schlange blitzschnell unter meinem Zeltboden durchwinden würde. Aber diesmal hat sie verdammt nahe zugebissen. Meine schöne Landepiste ist der Länge nach gespalten. Der Riß ist 30 Zentimeter breit und erstreckt sich in leichtem Zickzack über 200 Meter. Was wird der Pilot dazu sagen? Ich stecke einen Skistock hinein, um die Dicke des Eises zu messen, es ist mehr als ein Meter! Hervorragend! Von 60 Zentimetern an können sie problemlos landen. Aber wie steht es mit der Spalte? Ich ziehe mit meinem Zelt auf die andere Seite, um die intakte Piste deutlicher zu markieren. Der Himmel zieht zu, Nebel hüllt das Packeis ein. Es ist zu spät, Resolute zu benachrichtigen, das Flugzeug ist bereits gestartet. Sie brauchen acht Stunden, bis sie bei mir ankommen.

Glücklicherweise wird die Sicht wieder besser. Im Flugzeug glaubte Michel einen Augenblick lang, der Pilot würde sich wegen des Risses weigern zu landen. Aber nein, er äußert sich noch nicht einmal dazu und legt eine tadellose Landung hin. Ich erfahre, daß diese Art von Riß, der in Pistenrichtung und ziemlich am Rande verläuft, ihn überhaupt nicht stört, solange das Eis dick genug ist.

Schnell klettere ich in das Flugzeug, um mich umzuziehen. Michel bastelt bereits an meiner defekten Bindung. Dieser Nachschub wird im Eiltempo abgewickelt. Nicht einmal ich versuche, ihn zu verlangsamen, die Umarmungen und den Genuß der Zuneigung auszudehnen. Ich bin hochkonzentriert, wie eingetaucht in mein eigenes Universum von Eisblöcken und Kilometern, die noch vor mir liegen. Um keinen Preis möchte ich diesen mentalen Schutzschild zerbrechen, den dieser geistige Zustand mir bietet; denn seit das Flugzeug gelandet ist, verfolgt mich pausenlos nur ein Gedanke, nämlich der, ein für alle Mal an Bord zu gehen, aufzugeben, dieses heimtückische Packeis zu verlassen, das auf meinen Tod lauert. Ich habe genug von Polfallen, von Labyrinthen, die einen in den Irrsinn treiben, und insbesondere von dieser fürchterlichen Einsamkeit.

Ich bin nicht zusammengebrochen, aber es war hart an der Grenze. Ich höre nicht einmal hin, wie sich das Dröhnen der Motoren wieder entfernt, was ich bisher nach jedem Start getan habe. Ich stehe schon auf den Skiern und habe nur eines im Kopf: endlich mit dem Nordpol fertig zu werden und dann nach Hause zurückzukehren.

Drei Stunden später schlage ich mein Lager auf. Hier, bei 86 Grad nördlicher Breite, hat Mac Guire letztes Jahr aufgegeben. Im Laufen habe ich die ganze Zeit an seine Expedition

Die Eisfelsen sind tückische Hindernisse

gedacht. Dieser Amerikaner mit seinen 700 Sponsoren hat eine Stiftung gegründet, um seinen Versuch, den Nordpol zu Fuß zu erreichen, zu finanzieren. Er ging allerdings ohne Skier und zog ebenfalls seinen Schlitten selbst. Ich hatte ihn letztes Jahr in Resolute in dem kleinen Holzhaus getroffen, das als Ankunftshalle des Flughafens dient. Er ist ein Riese von mindestens 1,90 m Körpergröße, und seine drei Mannschaftskameraden hatten dieselbe Statur. Alle vier trugen rote Astronautenoveralls und weiße Bergstiefel, alles war funkelnagelneu und fleckenlos rein, mit Etiketten der Sponsoren überall. Sie schienen direkt aus dem Film „Der Stoff, aus dem die Helden sind" gestiegen zu sein, der die Geschichte der amerikanischen Raumfahrt erzählt. Sie waren wirklich sehr beeindruckend.

Ich dagegen kam an, nur 1,68 m lang und mit meinem Seesack auf dem Rücken. Neben ihnen sah ich aus wie eine Witzfigur. Zufällig begleiteten mich ein Fotograf des National Geographic Magazine und ein Fernsehteam von TF1. Sie unterstrichen etwas meine Bedeutung, sonst hätten mich die Amerikaner wohl überhaupt nicht bemerkt. Ich versuchte mit Mac Guire zu sprechen. Er war abweisend und eiskalt. Ich wollte einige Informationen haben, welche Art von Kocher sie verwenden, aber er antwortete nur ausweichend, und ich wagte nicht zu insistieren.

Zwei andere Mitglieder seines Teams schienen etwas offener zu sein. Sie stammten aus Santa Barbara in Kalifornien, zwei Marathonläufer mit guten Muskeln und guten Lungen. Mac Guire muß sie ausgesucht haben, weil er wohl dachte, es reiche, wenn man nur schnell über das Packeis geht, um möglichst bald anzukommen. Hinter ihrem athletischen Gehabe waren sie etwas nervös, es war ihre erste Begegnung mit dem hohen Norden. Sie waren überrascht, mich von meiner Expedition auf den Everest, von der Durchquerung des Hielo Continental in Patagonien erzählen zu hören.

Nach diesem Intermezzo trennten wir uns mit einem Händedruck. Viele Fragen blieben offen. Sie starteten einen Tag vor mir zur Eroberung des Nordpols. Wir hatten eine ähnliche Beziehung zueinander wie Steger und ich am Anfang. Gerüchte am Funk, Geheimnisse, Konkurrenz. Die beiden Kalifornier kehrten am dritten Tag um. Ich für meinen Teil mußte am 25. März aufgeben, Mac Guire ging mit seinem letzten verbliebenen Begleiter bis zum 86sten nördlichen Breitengrad, meiner heutigen Position. Er mußte vor dem dünnen Eis, das er zu Fuß nicht überqueren konnte, aufgeben. Ohne Skier ist der Nordpol nicht zu erreichen, sobald das Packeis anfängt zu tauen. Viel vergeudete Energie durch die Entscheidung für eine falsche Ausrüstung. Ein etwas angeschlagener Held kehrte in das kleine Holzhaus des Flughafens von Resolute zurück.

Beinahe hätte auch ich freiwillig aufgegeben, obwohl meine Ausrüstung noch hält. Glücklicherweise haben mir diese drei Stunden auf Skiern den Kopf wieder freigeblasen. Abends schreibe ich in mein Tagebuch: „Ich habe noch einen Monat Marsch vor mir, nicht viel, wenn am Ende der Erfolg steht." Ein Monat im ganzen Leben ist lächerlich wenig, und das hier ist sehr wichtig.

Wenn ich den Pol erreiche, wird sich irgend etwas in mir ändern. Vom Erfolg dieser Expedition erwarte ich mir mehr Ernsthaftigkeit, mehr Ruhe, wie man sie erreicht, wenn man eine große Aufgabe erfüllt hat. Wie gerne würde ich mir den Nordpol in meinem vierzigsten Lebensjahr als Lohn für eine Laufbahn schenken, die ich vor zehn Jahren eingeschlagen habe, als mir endlich klargeworden ist, daß Expeditionen immer ein Teil meines Lebens sein werden. Dafür habe ich meine Karriere und meine sozialen Bindungen aufgegeben, habe einen einsamen Weg durch den Dschungel einer gnadenlosen Welt gewählt. Und wenn mich das Erreichen des Nordpols auf diesem Weg bestärken könnte, wäre es mein schönster Lohn auf dem Weg zur Weisheit.

Knapp am Tod vorbei

Donnerstag, 19. April: Es ist arktischer Frühling! Heute sind es minus 20 Grad, mir ist richtig warm. Zum erstenmal ziehe ich eine leichte, winddichte Hose an, die das Laufen erleichtert. Ich marschiere von sieben Uhr morgens bis vier Uhr nachmittags, neun Stunden auf Eisblöcken und Buckelfeldern mit dem vollbeladenen Schlitten.

Es ist schlimmer als je zuvor auf dem Packeis, und ein dumpfer Ton, wie entferntes Gewittergrollen, begleitet mich. Das Eis reißt auf – rechts, links, vor und hinter mir, ich bin umgeben von schwarzen Wolken mit der Kondensation der Feuchtigkeit, die aus den Brüchen im Packeis steigt. Ich erlebe eine regelrechte Operninszenierung, hochdramatisch und erregend.

Abends kampiere ich am Rand einer breiten Eisspalte. Sie gleicht der Polfalle mit der schwarzen zarten Haut, die ich vor ein paar Tagen überquert habe. Dieser Abschnitt meiner Route ist sehr laut, unaufhörlich knirscht und knarzt es, zerreißt etwas. Ich stelle mich taub, ich habe mich daran gewöhnt.

Freitag, 18. April. 86 Grad 29'! Endlich! Die halbe Strecke zum Pol ist fast geschafft! Ich stemme mich wie ein Besessener in meine Skistöcke. Ich habe einen Weg im Labyrinth entdeckt, eine richtige Polstraße, einen Riß, der in nordsüdlicher Richtung verläuft und nicht zu enden scheint. Los geht's, ich werde alle meine Rekorde schlagen!

Ich schlage gar nichts. Drei Stunden später kommen Schnee und Nebel. Sehr schnell bleibt von der Sonne nur ein diffuser Schimmer. Ohne Sonne keine Orientierung, aber ich gehe trotzdem weiter. Ich verlasse mich auf den Einfallswinkel der Schneeflocken vor meinen Skiern. Plötzlich wirbelt alles durcheinander! Ich weiß nicht mehr, wo ich bin.

Ich drehe mich um und versuche, meinen Kurs anhand des schwachen Sonnenlichts zu bestimmen. Alles in Ordnung, ganz leicht ist sie hinter mir sichtbar. Mit einem Blick überschaue ich den Horizont. Herr im Himmel, dieser leuchtende Punkt dort drüben könnte sie auch sein! Nein, sie steht links, es ist dieses zitternde Schimmern! Die Sonne ist jetzt überall, sogar vor mir, wo der Nebel sich etwas gelichtet hat. Verdammt, das ist sie wirklich, ich muß den Weg zurückgegangen sein, ohne es zu merken. Wie lange laufe ich Idiot nun wohl schon direkt nach Süden? Es muß mindestens eine Stunde sein, vielleicht auch mehr!

Ich halte an. Ein unheimliches Klopfen und Knarzen erklingt hinter dem dämpfenden Vorhang des Nebels und der Schneeschauer. Was für eine Situation! Wie in der Geisterbahn auf dem Jahrmarkt. Jeden Moment erwarte ich, daß das Skelett des Ingenieurs Andrée auf dem Packeis erscheint. Der Schwede hatte 1897 versucht, mit dem Heißluftballon den Nordpol zu erreichen. Er scheiterte und mußte mit seinen beiden Begleitern auf dem Packeis überwintern, wo sie starben. Seine Überreste wurden erst 33 Jahre später gefunden.

Um mein Zelt aufzuschlagen, suche ich sichereres Eis, das auf der Polstraße ist zu frisch. Ich steige auf ein ziemlich hohes Plateau und finde schließlich eine dicke und harte Eisplatte. Verdammt! Sie ist so hart, daß meine Eisheringe nicht eindringen. Bisher konnte ich diese 25 Zentimeter langen Zelthaken noch in jeden Schnee schlagen, egal wie fest er war. Heute abend muß ich das Zelt mit Hilfe meiner Skier aufbauen. Sie haben an jedem Ende zwei dafür vorgesehene Ringe, die das Zelt spannen. Eisblöcke, die ich mühselig mit der Schaufel auseinandergehackt habe, halten die Skier aufrecht und dienen als Pfosten. Sieht aus, als ob es halten würde. . .

Zum Glück ist heute kein Sturm! Ich baue einen anderen Eisblockpfosten, um die Antenne des Funkgeräts aufzustellen. Ich muß mit der Schaufel ordentlich auf das Eis einhacken, um die als Stütze nötigen kleinen Eisstückchen zu bekommen. Damit der Funkkontakt zustande kommt, muß die Antenne absolut senkrecht zur Richtung von Resolute stehen. Einfach gesagt. Wo hinter diesen weißen Nebelwänden liegt Resolute? Um das herauszukriegen, müßte ich zuerst den Norden finden. . .

Das Packeis grollt den ganzen Tag über, aber ich komme trotzdem zum Schlafen. Die Eisplatte, auf der ich kampiere, ist wie Beton. Auch wenn alles um sie herum wegschmilzt, sie wird halten! Gestern habe ich im Funk erfahren, daß das Flugzeug auf dem Rückweg am 84sten Breitengrad Sir Ranulph Fiennes aufgenommen hat, der ebenfalls auf dem Weg zum Pol war und aufgegeben hat. Noch ein abgebrochener Versuch! Wie eigenartig, als wir uns auf Ward Hunt Island getroffen haben, hat er seinen Plan nicht erwähnt. Ich hätte nie gedacht, daß er noch eine Rechnung mit dem Nordpol offen hatte, vor allem eine so geheime.

Beim Frühstück hat mein gewohntes Müsli plötzlich einen eigenartigen Geschmack nach Ammoniak. Offensichtlich habe ich das Wasser, mit dem ich es anrührte, in dem Kochtopf warm gemacht, der mir als Nachttopf dient. Manchmal komme ich mir vor wie im Krieg. Egal, ich esse es auf. Bei nur einer Ration pro Tag hat es keinen Sinn, den Feinschmecker zu spielen.

Abends bereite ich mein Abendessen besonders sorgfältig zu. Ich gebe sogar etwas Salz dazu, was eine große Ausnahme ist, denn normalerweise salze ich meine Nahrung nicht. Es gibt Kabeljau mit Fenchel und Püree. Genüßlich koste ich. . .

Puuh! Das ist nicht eßbar, total versalzen, ich spucke es aus! Den Schwall wüster Flüche möchte ich aus Anstand hier lieber nicht wiederholen. Was ist mit dir los? Hast du die Kontrolle verloren? Du verläufst dich, vertauschst die Töpfe und hast nicht einmal mehr die richtige Menge Salz im Griff! Noch beim Einschlafen koche ich vor Wut.

Beim Frühstück am nächsten Morgen wache ich über die Töpfe wie über meinen Augapfel. Ich gieße das Wasser so vorsichtig über den Grieß, als ob mein Leben davon abhinge. Und spucke wieder aus. . . Er schmeckt nach Ammoniak! Aber ich habe so genau aufgepaßt, ich konnte die Gefäße gar nicht vertauschen. Was ist hier los. . . aber ja, jetzt kapiere ich!

Das Eis, das ich schmelze, um meine gefriergetrocknete Nahrung damit anzurühren, ist salzig! Vor nicht allzu langer Zeit war das noch Meerwasser. Ich muß lachen. So völlig allein klingt das schon komisch inmitten dieser trostlosen Landschaft. Ich hole Schnee von etwas weiter weg. Auch der ist noch salzig, aber es ist auszuhalten. Außer Salz habe ich nicht viel zu mir genommen. An diesem Morgen des 19. April spanne ich mich unangenehm durstig vor den Schlitten.

*

Aber heute ist es wunderbar! So weit ich sehen kann, führt die Polstraße gen Norden, wo es am Horizont endlich ganz eben zu sein scheint. Ich gleite sehr schnell dahin, diesmal will ich wirklich eine Höchstleistung vollbringen.

Von Zeit zu Zeit bekomme ich Angst. Unter den Skiern wird das Eis manchmal dunkel – das bedeutet, es ist dünn. Instinktiv bleibe ich mehr am Rand, falls etwas passiert. Aber dann fasse ich wieder Vertrauen. Ich gehe zurück in die Mitte, um diese weite Eislandschaft zu genießen. Nach den Schrecken des Labyrinthes bin ich glücklich wie ein geflohener Gefangener, der vom Licht der Außenwelt geblendet wird.

Ich laufe, laufe, laufe. . . Körperlich ist es trotzdem anstrengend, denn die obere Eis- bzw. Schneeschicht ist ziemlich pappig. Der Schlitten haftet zäh am Boden, ein beträchtlicher Muskelaufwand ist nötig, um ihn zu bewegen. Aber es ist eine ständige Anstrengung, ohne Schläge und Stöße, gut auszuhalten, auch wenn ich jede Viertelstunde stehenbleiben muß, um durchzuatmen und mich zu erholen. Ich brauche keine Hindernisse zu überklettern, mache mir keine Gedanken über die Richtung, es geht einfach geradeaus, immer geradeaus!

Aber dann sehe ich etwas Unglaubliches: Hundert Meter vor mir ist die Polstraße nicht mehr unberührt! Viele Spuren führen darüber, Rillen von Skiern, von Schlitten, Abdrücke von Hundepfoten. Steger, es muß Steger sein. Ich gehe näher. Kein Zweifel, das war Stegers Expedition, die Spuren sind ganz frisch.

Ich werde sie einholen! Seit vielen Tagen ist das mein heimlicher, verrückter Traum. Ich habe keine Zeit zu verlieren. Der Wettlauf beginnt. Ich stürze mich auf seine Spuren – vorwärts! Mein Zeitgefühl schwindet, das Gleiten hat etwas Absolutes, es ist ein Zustand, den man auch beim Laufen erreicht, dieser Taumel von Müdigkeit, wenn die eigenen Grenzen immer weiter hinausgeschoben werden. Nur weiter! Auf uns beide, Steger, ich werde dich einholen!

Stopp! Die Spuren der Schlitten und Hunde sind unterbrochen, dann schlagen sie einen großen Bogen und verlieren sich am Rande, zwei- oder dreihundert Meter von hier. Verblüfft frage ich mich: Warum haben sie hier angehalten? Ich bemerke noch andere, feinere Spuren, die von Schlittschuhen gezeichnet wurden, nach Norden führen und wieder zurückkommen. Das muß die Vorhut gewesen sein! Ich fühle mich plötzlich unwohl in meiner Haut. Sie haben den Mann, der den Weg erkunden soll, vorgeschickt, sind umgedreht und nicht mehr auf die Polstraße zurückgekehrt.

Haben sie ein Hindernis entdeckt, ein Gebiet mit tückischem, gefährlich dünnem Eis gesichtet? Oder sind sie nur einfach so auf die andere Seite gegangen und haben vom Rand aus eine bessere, noch gewaltigere Schneise gefunden, die direkt auf den Nordpol zuführt?

Ich denke lange nach. Direkt vor mir sieht das Eis nicht viel anders aus als hier, es ist nicht dicker und nicht feiner als bisher. Die Polstraße ist schnurgerade, das Rätsel ist nicht zu lösen. Zweifellos haben Stegers Hunde und Schlitten einen parallelen Weg in einem angrenzenden Tal gewählt.

Ich entscheide mich, auf diesem Weg weiterzugehen. Ich laufe ziemlich lange und immer noch recht schnell. Gegen drei Uhr am Nachmittag kommt plötzlich schlechtes Wetter auf. Gerade in dem Augenblick, in dem mitten auf der Polstraße eine Eiswand erscheint, die sie teilt, hüllen mich Nebel und Schnee ein. Diese Gabelung erfordert wieder eine Entscheidung. Muß ich rechts oder links weitergehen? Der Nebel wird immer dicker, und die Eiswand verschwimmt, verschwindet schließlich.

Ich gleite wie durch einen Filztunnel weiter, die Sicht liegt bei Null. Nur die Erinnerung an die Umrisse der Eiswand und den Verlauf der beiden Wege, die ich gesehen hatte, führt mich. Aber die Erinnerung täuscht, unter solchen Bedingungen wird sie von der Phantasie erheblich beeinflußt. Ich mag es nicht, die Kontrolle über mein Raumgefühl zu verlieren, während Körper und Schlitten auf ewig in diesem Nebel versinken. Es ist vier Uhr, ich bin völlig erschöpft. Geh an den Rand, Papy, schnell, es ist Zeit! Dieses Trugbild kann viele Fallen verbergen.

Ich glaube mich zu erinnern, daß der rechte Rand sehr weit weg war. Der im Westen erscheint mir schneller erreichbar. Es wäre zu gefährlich, hierzubleiben und das Zelt aufzubauen. Unter meinen Skiern arbeitet es, es rutscht, es vibriert. . . Ich habe wirklich keine Lust, auf dem Rücken des Todes zu kampieren. Wie gestern möchte ich auch heute eine ältere und stabilere Eisplatte finden.

Ich richte meine Skier im 90-Grad-Winkel zu meiner vorherigen Route aus und marschiere nach Westen, auf den Rand zu. Ich laufe 15, 20 Minuten und finde nichts. Ich werde wütend. Ich habe völlig unterschätzt, wie weit ich vom Rand entfernt war. „Anstatt wie ein Trottel nach Westen zu laufen, wärest du besser weiter nach Norden marschiert", sage ich mir.

Ich muß einen Kursfehler gemacht haben. Der Rand bleibt unsichtbar. Ich gehe auf meinen eigenen Spuren in die Mitte zurück, um mich neu zu orientieren. Ich laufe 100 Meter, stop! „Halt an, Papy, du machst nur Dummheiten, du bist viel zu fertig, um es bis zum Ausgangspunkt zurück zu schaffen. Aber hier kannst du auch nicht kampieren. Jetzt entscheide dich endlich." Ich wähle den Rand. Zum dritten Mal folge ich meinen Spuren, dann gehe ich geradeaus weiter. Hinter den Nebelfahnen werden einzelne Eisblöcke sichtbar. Ich habe den Rand erreicht!

Ich mache den Schlitten los und will näher ran gehen, um den Untergrund zu prüfen. Wieder einmal haben mich die Perspektiven getäuscht. Der Rand ist noch sehr weit. Ich nehme den Schlitten wieder auf, gleite weiter. Endlich, jetzt habe ich ihn wirklich erreicht, also die Stelle, wo junges Eis sich mit der alten Eisschicht des Packeises verbindet. Dadurch ist das Gebiet stark zerklüftet, was mich sehr beunruhigt. Aus Vorsicht schnalle ich das Gurtzeug ab.

Direkt vor mir hat das Eis eine außerordentliche Feinheit erreicht, da kann ich nicht hinüber. Es sieht schön aus, aber es ist eine tödliche Falle. Ich gehe noch einige Meter gen Süden. Hier stoße ich endlich auf eine dickere Platte, die wie eine Brücke zwischen jungem und altem Eis verläuft. Ich bin müde und spüre einen gewissen Widerwillen, draufzusteigen. Ich fahre bis zum Rand, der nur wenige Meter entfernt ist. Eine letzte Anstrengung, dann ist es vorbei.

Ich höre ein Krachen. . . sehr trocken. . . gefolgt von unendlich vielen ähnlich klingenden Geräuschen. . . der Horizont schwankt. Ich schreie: „Ich falle ins Wasser, ich falle ins Wasser!"

Im Bruchteil einer Sekunde bin ich bis zu den Knien drin. Reflexartig werfe ich mich auf den Rest der Eisplatte. Aber ich sinke immer noch. Es ist vorbei, Papy! Es ist gelaufen! Der Nordpol hat dich gepackt. Mein Körper wird starr, er reagiert nicht mehr. Ist das der Tod? Diese Milliarden von Funken, die in meinem verbliebenen Bewußtsein explodieren?

Plötzlich spüre ich etwas Hartes, ich greife zu. Es hält! Zentimeter um Zentimeter krieche ich hoch. Mein Fixpunkt hält, eine kleine Unebenheit auf der Eisplatte, die wie eine Brücke geformt ist. Zufällig ist meine Hand darauf gestoßen. Ich krieche hoch. Der Widerstand der Skier, die unter dem Eis eingeklemmt sind, ist hartnäckig, aber ich schaffe es, sie nacheinander herauszuholen.

Wie sehe ich wohl aus? Wie ein armseliger Wurm, der sich in grotesken Verrenkungen über das Eis schiebt, um seine Haut zu retten. Die Skier stehen halb in der Luft, Schuhe und Hose sind durchnäßt, meine Brust und die linke Seite kratzen auf dem Eis entlang. Aber was soll's. Ich lebe, ja, ich lebe!

Ich muß mir das mehrmals vorsagen, bis ich es glaube. Ich bin furchtbar aufgeregt, in meinem Kopf brummen tausend schwarze Fliegen. Ruhig Blut! Du bist raus aus dem Wasser, es ist vorbei! Tu was, sonst wirst du auf der Stelle am Eis festfrieren! Deine Füße sind ja jetzt schon Gefangene der Schuhe, die sich mit Wasser vollgesogen haben und nun voller kleiner Eisstückchen sind. Ich richte mich auf und mache mich schwankend auf die Suche nach dem Schlitten.

Aber da stimmt was nicht, irgendwas ist nicht in Ordnung! O verdammt, ich habe nur noch einen Skistock! Ich drehe mich um: Der andere schwimmt außerhalb meiner Reichweite auf dem Eisloch. Eine Katastrophe! Ohne Stock bin ich wie ein Einbeiniger, wie soll ich weitergehen, wenn ich ihn nicht herausfischen kann?

Vorsichtig nähere ich mich dem Rand der Eisplatte, die beinahe meine letzte Ruhestätte geworden wäre. Mit dem zweiten Stock bewaffnet versuche ich nach der Handschlaufe des schwimmenden Stockes zu fischen. Immer wieder ziele ich daneben. Herr im Himmel, dieser teuflische Skistock haut vor mir ab, er macht sich über mich lustig, bei jedem Versuch gleitet die Schlaufe ab und weicht aus! Ich konzentriere mich, strecke den Arm so weit wie möglich aus, halte den Angelstock perfekt horizontal. Hopp! Schon wieder verpaßt.

Ich zittere vor Wut. Was für ein Tag. Beim siebten Mal habe ich ihn. Von jetzt an zittere ich vor Kälte. In meinen Schuhen erklingt ein sehr sympathisches Flock-Flock. Zum Glück ist das Wasser nicht gefroren, meine Füße sind in Ordnung. Aber von Kopf bis Fuß stecke ich nun in einer Ritterrüstung aus Eis.

Ziemlich verstört und zitternd erreiche ich meinen Schlitten, ich hänge mich ins Gurtzeug und marschiere voll in südliche Richtung. Keine Frage, ich bleibe keine Sekunde länger an diesem verfluchten Ort. Dann entdecke ich eine intakt aussehende Passage, auf der ich das Packeis erreichen könnte. Ich halte die Luft an, schalte mein Denken soweit wie möglich ab und gehe los. Alles läuft problemlos, am Rand lasse ich den Schlitten stehen, um nach einem Platz für das Lager zu suchen.

Überall ein schreckliches Chaos! Es gibt nicht einmal ein flaches Stück von der Größe des Zeltes. Diese Eisbarriere ist mit riesigen Blöcken gespickt. Alles vibriert, manche bewegen sich sogar mit extremer Langsamkeit, Millimeter um Millimeter. Ihr Knirschen klingt wie das dunkle Echo der Ewigkeit. Ich habe genug Zeit, auf einen Block zu klettern, und ich brauche die Zeit auch, denn meine durchnäßten Schuhe sind jetzt auch noch voller Schnee, der schnell anfriert. Ich muß also an jedem Fuß einen Eisblock mitziehen.

Als ich hoch genug bin, um die Gegend zu überblicken, sehe ich nur Buckel. Welch eine Freude für die Augen. Entmutigt steige ich ab. Vielleicht würde ich 100 Meter weiter westlich eine kleine Eisplatte finden, die groß genug für mein Zelt ist? Aber ich habe weder Kraft noch Mut, mit dem Schlitten dorthin zurückzukehren. Ich müßte ihn über jedes Hindernis wuchten, nur in der vagen Hoffnung, irgendwo da hinten übernachten zu können.

Beim Hinunterklettern sage ich mir: „Es gibt nur einen Ausweg: Bleib ruhig. Suche deine Spuren, überquere den Bruch und versuche dein Glück auf der anderen Seite am Ostufer." Wie ein Automat tauche ich wieder in den Nebel ein, gleite fast in einem Halbkoma über das Eis bis zur Grenze der Erschöpfung.

Als ich dann in der Mitte des Eisarmes meine allerersten Nord-Süd-Spuren wiederfinde, bin ich verzweifelt. Mein Körper weigert sich, einen Schritt weiterzugehen. Ich werde hier kampieren. Auch wenn das Eis nicht dick ist, ist es doch so hart, daß meine Eisheringe nicht hineingehen. Wie gestern müssen auch heute die Skier das Zelt halten. Wieder einmal suche ich nach kleinen Eisblöcken als Fixierung.

Ich stelle die beiden Skier auf, dann die Zeltstangen und dann die Antenne. Ich baue und mache und tue. Fertig, Papy, halt an, alles ist an seinem Platz, so gut wie möglich eben. Ich höre ein tiefes Grollen, das vom Nebel nur schlecht gedämpft wird. Dieses Gelände ist, vorsichtig ausgedrückt, unstabil. Ich vermute, daß das Eis gen Süden wandert, und das stimmt auch. In dieser Nacht verliere ich an Boden. Morgen schon werde ich es feststellen, wenn ich die aufeinanderfolgenden Positionsbestimmungen vergleiche, die die Satelliten errechnet haben.

Bevor ich mich in den Schutz meines Zeltes begebe, muß ich noch meine Kleidung ausbürsten, denn das Eis hat sich in den Stoff hineingefressen. Es ist junges, also sehr salziges und trübes Eis, das meine Bürste ruiniert. Ich muß sie beim nächsten Nachschub austauschen.

Ich krieche in das Zelt, setze mich hin. Alles erledigt! Aber nein, ein Problem muß noch gelöst werden: meine Füße. Die Schuhe muß ich mit dem Messer ausziehen, denn Schuh und Innenschuh bilden inzwischen einen sehr schönen, kompakten Eisblock. Schließlich schaffe ich es, meine armen Füße davon zu befreien, aber ich habe keine Ersatzsocken dabei. Deshalb trockne ich das einzige Paar so gut wie möglich und ziehe es wieder an. Darüber streife ich meine Super-Muflons, sehr leichte, pelzgefütterte Stiefel mit hohem Schaft.

Was die Kälte betrifft, so geht es mir jetzt wesentlich besser. Aber die Müdigkeit greift mich stark an. Nach meinem Wasserunfall habe ich gleich ein Gramm Vitamin C genommen, das ich immer in der Jackentasche habe. Es hat mir etwas geholfen durchzuhalten. Aber seine Wirkung läßt jetzt nach. Die Erschöpfung überfällt mich wie nie zuvor. Sogar im Herzen des Ice Shelf habe ich mich nicht so schlecht gefühlt.

Das macht mich überempfindlich. Als ich ins Zelt kletterte, packte mich ein neuer Schock, diesmal ein visueller, und die Wirkung hält noch an. Draußen ist es wegen der Wolken und dem Nebel finster. Aber im Zelt kommt ein Licht durch den durchsichtigen Zeltboden von unten, vom Eis, dessen Oberfläche die Strahlung der Umgebung reflektiert und sie streut. Es gibt wohl kein besseres Mittel als diese lichte Transparenz des Bodens, um sich das Wasser vorzustellen, das darunter plätschert. Ich bin nur ein Dutzend Zentimeter vom Tod entfernt, Beleuchtung gratis. Was für ein Vergnügen!

Ich muß noch einmal hinaus, um etwas Schnee für die Zubereitung meines Essens zu holen. Ein kleiner Haufen hat sich an einer Erhebung einer nahen Eisplatte angesammelt. Geschmolzen ist der Schnee jedoch so salzig, daß ich fast erbrechen muß. Trink, Papy, du mußt unbedingt Flüssigkeit zu dir nehmen. Ich weiß, daß der Organismus das bis zu einem bestimmten Punkt aushalten kann. Beim Frühstück, beim Abendessen esse ich Salz, trinke ich Salz . . . mein Mund brennt wie Feuer, aber zumindest hält mich das warm.

Gegen zwanzig Uhr, als ich den Funkkontakt zu Resolute aufnehme, beschließe ich, nichts von dem Unfall zu erzählen. Ich schäme mich, daß ich mich so habe vom Eis täuschen lassen. Und vor allem möchte ich um jeden Preis vermeiden, daß meine Mannschaft sich Sorgen macht. Bei einer Arktisexpedition ins Wasser zu fallen ist ein schwerer Fehler und sehr gefährlich.

Aber sobald ich Michel Francos herzliche Stimme höre, kann ich nicht anders, als mich ihm anzuvertrauen. Ich bitte ihn um absolutes Stillschweigen. „Niemand darf davon erfahren, vor allem Bezal nicht!"

„Versprochen. Das bleibt zwischen dir und mir", antwortet Michel gerührt.

„Es war ein kapitaler Irrtum, ein Anfängerfehler, das darf nie wieder vorkommen!"

„Verstanden, Papy! Verstanden! Ich werde absolut dichthalten! Kein Wort am Telefon, am Funk, mach dir keine Sorgen. . ."

Jetzt fühle ich mich etwas besser. Aber als ich einschlafen will, verfolgt mich die Szene am Rand des Eisbruches immer wieder. Ich höre mich schreien: „Ich falle ins Wasser! Ich falle ins Wasser!" Es klingt wie „Ich sterbe! Ich sterbe!" Da hat nicht viel gefehlt. Die Vorstellung vom Tod verfolgt mich. Ich sehe mich, wie ich eingequetscht zwischen den Eisblöcken auf dem Wasser treibe, Gesicht und Körper vom Eis umrahmt. Ich bin tot, aber meine Züge scheinen unberührt, das Eis hat sie seltsam bewahrt. Das Bild meiner weißen, verdrehten Augen geht mir nicht aus dem Kopf. Der Kontrast zu dem friedlichen Ausdruck meines Gesichts ist schrecklich.

Eine fürchterliche Vision plagt mich. Ich sehe Michel in Resolute, wie er abends auf meine Funknachricht wartet. Nichts. Er versucht mehrmals, mich zu erreichen. Nichts. Er sagt sich: „Nun, heute klappt's nicht." Etwas später befragt er den Computer nach meiner Position. Nichts. Ich habe kein Notsignal gesendet. Pech, denkt er, aber er ist noch nicht übermäßig beunruhigt. Wir hatten ausgemacht, daß wir es am nächsten Morgen probieren, wenn es abends eine Panne beim Funk gibt. Bei Morgengrauen stellt er sein Gerät auf. Nichts. Viele Male schickt er seinen Funkspruch. Nichts. Er spielt auf der Tastatur seines Terminals. Es ist schon komisch. Alles schweigt, aber da kein Notsignal kommt, ist wohl nichts passiert.

Im Basiscamp vergeht wieder ein Tag. Michel schweigt sich aus. Wiederholte technische Pannen sind nicht gut für meinen Ruf, er möchte nicht, daß sich das herumspricht. Aber abends kommt die Angst. Immer noch nichts am Funk. Jetzt muß er die Behörden unterrichten und meine Familie. Die Medien, die immer auf der Lauer liegen, stürzen sich auf die Geschichte.

Die Vermarktung läuft an, ebenso klassisch wie grausam. „Es gibt keine Nachricht von Doktor Etienne, dessen letzte Position auf dem Packeis bei 86 Grad 23' nördlicher Breite lag." – „Immer noch keine Nachricht von Doktor Etienne, aber nun gibt es wohl kaum noch Hoffnung. . ." Am Himmel sucht ein Flugzeug das Packeis ab, überfliegt meine Leiche; es kann auf dem dünnen Eis der Polstraße nicht landen, aber es findet eine andere Piste, etwas weiter weg. Egal, auf jeden Fall kommt die Hilfe zu spät.

Nun beginnt das, was mir bei der Vorstellung meines Todes am meisten Schmerz bereitet: das Leiden der anderen. Mein Leiden war kurz, Ertrinken in eisigem Wasser ist ein schneller Tod. Dagegen ist die Leere, der die Familie und die Freunde nach so einem Verschwinden gegenüberstehen, wie eine nicht heilende Wunde, die auf ewig Traurigkeit verursacht.

So etwas möchte ich niemandem antun, ich kenne das selbst zu gut. Wie viele Freunde habe ich in den Bergen, vor allem im Himalaya, verloren. Ich muß an die besonderen Beziehungen denken, die vor einer Himalaya-Besteigung in einer Gruppe herrschen. Statistisch gibt es dort pro Expedition einen Toten. Die ganze Mannschaft weiß das, und auch wenn jeder glaubt, durch das Netz dieser teuflischen Mathematik zu schlüpfen, passiert es, daß man sich ansieht und dabei denkt: Wer von uns wird nicht zurückkehren?

Wind kommt auf und vertreibt meine Visionen. Die Radioantenne schlägt gegen den Zeltstoff. Die ganze Nacht über höre ich entsetzliches Knirschen, unaufhörliches Artilleriefeuer, und sogar Geräusche, die vorbeifahrenden Zügen täuschend ähnlich sind. Was für eine Nacht! Die schwarze Tür zum Tod ist nicht nur angelehnt. Machtlos, wehrlos rechne ich jede Minute damit, über die Schwelle zu gehen.

Ich erwache bei Morgengrauen in einer mit Eiszapfen gespickten Höhle, meine Kleidung ist nun durch und durch gefroren. Ihr Zustand ist erbärmlich. Die Schuhe sind wie zwei Minigrotten, meine Füße machen Höhlenforschung, um hineinzufinden. Die Schnürsenkel stehen senkrecht in der Luft. Ich muß sie mehrmals zwischen meinen Fingern reiben, um sie geschmeidig zu machen.

Ich brauche viel Zeit, um alles zu reinigen, zu bürsten und zu trocknen, bevor ich das Zelt einpacken kann. Etwas beruhigt mich allerdings: Inzwischen kann ich das Rätsel um die Spuren von Stegers Gruppe lösen. Er hat vorgestern angehalten und ist auf den Rand gestiegen, weil er durch das schlechte Wetter aufgehalten wurde, das auch mich behindert hatte. Ich habe den ganzen Tag im Zelt verbracht. Er hat also einen Tag Vorsprung.

Das Zelt, ein Zuhause in der Unendlichkeit

Ich laufe nach Nordwesten auf der Suche nach seinen Spuren. Durch einen glücklichen Zufall finde ich sie. Die Polstraße wird chaotischer, manchmal verwischen sich die Rillen der amerikanischen Schlitten, aber in den vielen Engpässen finde ich wieder Spuren: Holzstückchen von den Schlitten, die an den Eisblöcken entlanggeschrammt sind, im Eis eingefrorene Haarbüschel von Hunden, am Boden Blutstropfen von einer verletzten Pfote und von Zeit zu Zeit etwas gefrorener Hundekot.

Ich marschiere neun Stunden und mache dabei große Umwege, um Stellen auszuweichen, wo das Eis besonders dünn aussieht. Der gestrige Unfall hat mich sehr vorsichtig gemacht. Ziemlich spät am Abend stoße ich auf ein *lead* von fünf Metern Breite. *Leads* sind Rinnen offenen Wassers zwischen zwei Packeis-Platten, die sich getrennt haben. Diese hier hat eine sehr feine Oberfläche, die knirscht und sich bewegt, einige Teile überlappen sich sogar. Ich gehe kein Risiko ein. Ich fixiere einen Eishaken am Rand, der einen Alpinisten am Gletscher halten könnte, und ziehe ein doppeltes Seil durch. Das Seil in Händen überquere ich die Bruchstelle. Wenn das Eis unter mir nachgeben würde, könnte ich zurück auf den Rand klettern.

Drüben angekommen schlage ich einen zweiten Haken ins Eis, ziehe mein Seil durch, kehre um und lande wieder im sicheren Hafen. Jetzt kann ich es mit dem Schlitten wagen, jedoch nicht ohne zuvor den ersten Eishaken wieder herauszudrehen, der jetzt, durch den zweiten ersetzt, überflüssig geworden ist. Es ist der dritte und letzte Übergang. Die Oberfläche zeigt nicht das kleinste Anzeichen von Brüchigkeit, ich laufe ohne große Angst. Auf jeden Fall habe ich immer noch den Haken, der mich absichert. Einige Meter vor dem Ende ein Knirschen! Ruhig Blut, es fängt wieder an! Wie ein Verrückter ziehe ich mich in einer spektakulären Darbietung am Seil heraus. Mit knapper Not komme ich mit dem Schlitten trocken bis zum Rand. Ich bin völlig gestreßt. Vor dem Schlafengehen erfahre ich per Funk, daß ich 21 Kilometer geschafft habe – das tröstet mich.

Ein arktisches Rodeo

Montag, 21. April. 87 Grad 02'! Nur noch drei Breitengrade bis zum Pol! Heute habe ich 23 Kilometer geschafft, es geht immer schneller voran. Stegers Spuren haben mir sehr geholfen. Sie sind wie Lebenszeichen, denen ich folge.

Aber am Nachmittag muß ich mich von ihnen trennen, um eine erschreckend dünne Eisfläche zu überqueren. Ich habe das Gefühl, mich auf den Blättern von Seerosen zu bewegen. Zum ersten Mal erlebe ich den sogenannten Trampolineffekt: Die Eisschicht ist so hauchdünn, daß die darübergleitenden Skier sie in eine elastische Wellenbewegung versetzen. Obwohl ich angeseilt bin, habe ich große Angst.

Die Tage vergehen. Ich komme erstaunlich gut voran. Allerdings macht sich eine gewisse Monotonie breit. Am Donnerstag, den 24. April, bin ich auf 87 Grad 36'! Das ist absoluter Rekord, ich habe 25 Kilometer an einem Tag geschafft, und das in einem Gebiet, wo die Eisverschiebungen so gewaltig sind, daß ich einmal den Zusammenstoß zweier riesiger Platten abwarten mußte, bevor ich sie passieren konnte. Am Freitag kommt das letzte Mal das Flugzeug mit Nachschub, bevor ich zur Endetappe aufbreche. An diesem Tag zerbricht die Bindung des linken Skis. Es ist zum Verrücktwerden! Andererseits habe ich außergewöhnliches Glück, weil sie vor dem Eintreffen des Flugzeuges kaputtgeht.

Seit vier Tagen führe ich über Funk gereizte Gespräche mit Michel Franco. Von einigen Amerikanern, die das Flugzeug von Ross charterten, um den Nordpol zu überfliegen, hat er erfahren, daß es westlich meiner direkten Route sehr viel weniger offene Wasserstellen gibt. Ich für meinen Teil traue dieser Information nicht ganz, schließlich beruht sie auf Beobachtungen aus 2000 Meter Höhe.

Aber das Schlimmste kommt erst noch: Sozusagen direkt vor mir, genau Richtung Norden, haben sie angeblich nichts anderes gesehen als riesige Spalten, regelrechte Meeresarme. Ich glaube kein Wort davon. Vom Flugzeug aus gesehen, von so weit oben, ist alles grauschwarz, man hält es also für Wasser; hier unten stellt sich dann heraus, daß diese Flächen wieder zugefroren sind. Und wenn ich vorsichtig bin, kann ich sie mit den Skiern überqueren.

Franco hört nicht auf, mich zu nerven: „Halt dich mehr westlich, halt dich um Himmels willen mehr westlich!" Aber ich bin genauso hartnäckig: „Ich will so schnell wie möglich den Pol ansteuern, ohne Umwege direkt nach Norden! Was kümmert mich mein Längengrad, ich lasse mich jetzt auf keine Verzögerung mehr ein!"

Auf dem Bildschirm seines Computers hat er entdeckt, daß ich nach Osten abdrifte, wegen des Windes, der von Westen weht und das Packeis vor sich her treibt. Das bringt das Faß zum Überlaufen. Er verliert vollständig die Fassung: „Halt dich mehr westlich, um alles in der Welt! Du drehst gerade voll nach Osten ab!"

Wütend schimpfe ich ihn aus: „Ich stehe schließlich mitten im Gelände! Ich hab doch Augen im Kopf! Im Nordwesten herrscht ein unbeschreibliches Chaos, da komme ich nie durch. Wenn man sich mit zwei Kilometern in der Stunde in einem Gebiet fortbewegt, dessen Geländestruktur ununterbrochen auf den Kopf gestellt wird, schert man sich einen Dreck um die Strategievorstellungen eines amerikanischen Touristen!"

„Hör zu, wenn du dich an mir abreagieren willst, laß dich nicht stören. Ich sitze hier gemütlich in Resolute Bay, ich habe ein angenehmes Abendessen vor mir, es ist schön warm, es stört mich nicht im geringsten, nur zu!" antwortet er mir.

Morgen beim Nachschub habe ich die Absicht, ein paar Worte über sein Verhalten zu verlieren. Ich schinde mich schließlich hier ab, und was ich brauche, ist nicht Kritik, sondern jede Menge Zuspruch, am allerwenigsten jedenfalls diese Überlegungen übelster Art. Bei der Ungewißheit über die weitere Strecke kann ich einfach nicht von der direkten Nordorientierung abweichen. Jeder Kilometer auf dem Packeis muß teuer bezahlt werden; solange es geht, werde ich stur geradeaus weiterlaufen. Und wenn ich an eine scheinbar unüberwindbare Spalte kommen sollte, muß ich mir eben etwas einfallen lassen.

Körperlich bin ich schwer angeschlagen. Jeden Abend habe ich solche Krämpfe, daß ich vor Schmerzen schreien könnte. Ich habe schrecklich abgenommen, und wenn ich mit meinen Fingern über die Rippen fahre, dann spüre ich, daß ich nur noch Haut und Knochen bin.

Den ganzen Freitag, den 25. April, verbringe ich damit, mir immer wieder auszurechnen, wann ich wohl am Pol ankommen werde. Die Frage ist: Werde ich nach dem für morgen vorgesehenen Versorgungsflug noch einen weiteren brauchen oder nicht? Ich bin nun schon sehr weit weg von Resolute, der Flugtarif hat sich infolgedessen beträchtlich erhöht. In neun Tagen, darunter zwei kurze Tage mit nur drei Stunden Marsch, habe ich 90 Meilen zurückgelegt. Es bleiben mir noch 130, folglich müßte ich es, wenn ich mit 15 Tagen Fußmarsch rechne und Nahrungsvorräte für diese Zeit mitnehme, ohne eine weitere Nachschublandung schaffen. Es ist ein gefährliches Spiel. Soll ich es riskieren? Abends habe ich 87 Grad 40' erreicht, jetzt muß ich nur noch 2 Grad und 60' hinter mich bringen. Ich riskiere es! Ich werde den Schlitten bis obenhin vollstopfen. Das wird der letzte Nachschub sein. Mein einziger Wunsch ist, endlich alles hinter mich zu bringen.

Doch schon der 27. April läßt sich leider eher übel an. Ein ziemlich heftiger Blizzard hebt den Eisnebel, und die Sicht ist schlecht.

Ich kann eine Funkverbindung zu Rudy herstellen, dem Manager der Bradley Airline Company: „Ich habe einen guten Landeplatz gefunden, sehr stabil, gutes Eis, kein Riß.

„Wie lang ist die Piste?"

„Zweihundert Meter! Ich wiederhole: zweihundert Meter!"

„Nein! Abgelehnt. Das ist zu kurz! Ich wiederhole: Das ist zu kurz! Suchen Sie einen neuen! Ich wiederhole: Suchen Sie einen anderen! Wir brauchen mindestens dreihundert Meter! Ende!"

Ende, Ende! Er hat leicht reden in seinem klimatisierten Büro. Jedenfalls habe ich jetzt kapiert. Ich habe nicht richtig mitgedacht. Um bis hierher zu kommen, bis zum 87sten nördlichen Breitengrad, muß das Flugzeug randvoll getankt werden, folglich benötigt es soviel Platz zum Landen wie nur möglich – und noch mehr zum Starten.

Etwas später, während ich gerade das Zelt abbaue, nimmt Michel Verbindung mit mir auf. Und wieder einmal geht er auf mich los. „Aber warum hast du von zweihundert Metern gesprochen? Du hättest niemals die Wahrheit sagen dürfen, dann wäre Ross gekommen! Er hätte schon ein Plätzchen zum Landen gefunden, und wir hätten uns endlich treffen können!"

Diesmal allerdings hat Michel nicht einmal unrecht. Zum fünften Mal schon soll Ross mich anfliegen. Er ist ein Freund geworden. Und vor allem empfindet er immer mehr Respekt für das, was ich leiste. Er hätte alles in seiner Macht Stehende für mich getan; Rudy als Manager der Bradley vertritt einen ganz anderen Standpunkt. Er will nicht, daß seine Piloten wilde Landungen auf einem kaum geeigneten Gelände hinlegen, weil das seine geliebten Flugzeuge in Mitleidenschaft ziehen würde.

„Okay", sage ich zu Michel, „wir gehen also heute nacht so vor. Wenn Ross hier auftaucht, sucht er sich eine Ecke zum Aufsetzen. Bis dahin werde ich weitermarschieren. Kommt gar nicht in Frage, noch mehr Zeit zu verlieren!"

Ohne Skier gehe ich noch drei Stunden weiter. Zeitweise versinke ich bis zu den Knien im Schnee. Dann suche ich ein für die Landung günstiges Gelände und stelle das Zelt auf. Im Prinzip müßte das Flugzeug um acht Uhr abends starten und gegen zwei Uhr nachts ankommen. Nachts – dieses Wort hat jede Bedeutung verloren, auf diesem Breitengrad steht die Sonne, wie spät es auch sein mag, immer gleich hoch am Himmel, in ewiger Unabänderlichkeit.

Ich will sofort nach dem Abflug des Flugzeugs wieder aufbrechen, um die Zeit hereinzuholen, die ich durch meine Fußwanderung im Schnee verloren habe. Sobald ich wieder im Zelt bin, funke ich Michel an. Ich würde gerne wissen, was für eine Strecke ich wohl auf diesem anstrengenden Marsch zurückgelegt habe. Der Dialog mit ihm spricht für sich selbst.

Ich frage erschöpft: „Was ist meine Position?"

Michel, höhnisch: „Interessiert dich das?"

Ich, angewidert: „Ja."

Michel, sehr trocken: „87 Grad 45' nördlich." Schweigen. Dann Michel, wutentbrannt: „Und 66 Grad westlich!"

So, als ob der Westen mich überhaupt nichts anginge, rede ich weiter: „Ich bin heilfroh, daß ich unter diesen schwierigen Umständen eine Landepiste gefunden habe. . .“

Michel schneidet mir das Wort ab: „Wenn es dir Spaß macht, im Tiefschnee zu marschieren, um so besser. Mach nur weiter so.“ Ende des Gesprächs.

Nach diesem Gespräch fühle ich mich miserabel. Ich koche vor verhaltener Wut. Wenn das Flugzeug landet, dann kann der liebe Franco sich auf einiges gefaßt machen – Jetzt aber Schluß! Beruhige dich, Papy. Mach einen neuen Anlauf, du mußt es schaffen, das Problem ihm gegenüber ohne Gereiztheit anzusprechen. Jetzt heißt es, die Gemüter zu beruhigen und diesen Teufelskreis zu durchbrechen, in dem jede Aggression noch mehr Aggressivität nach sich zieht.

Aber was ist mit Michel los? Er hat doch selbst lange Segeltörns unternommen. Er kennt doch die Geschichte vom einsamen Seemann auf hoher See, der seinen Funk einschaltet, um mit seiner Familie zu sprechen, und dessen Frau plötzlich sagt: „Hör mal, ich muß jetzt aufhören, ich habe gerade Freunde zu Besuch, wir hören in einer Woche wieder voneinander.“ Wie schon viele vor ihm hat auch er daraufhin wohl aufgelegt, ist auf die Kommandobrücke hinausgetreten, und schon hat das Meer ihn wieder, er muß ein Manöver ausführen und hat noch das Bild seiner Angehörigen im Kopf, die es sich bequem gemacht und ihn schon ein wenig vergessen haben.

Michel ist mein Irrenwärter. Das Vertrauen zwischen uns muß um jeden Preis wiederhergestellt werde. Das Schwerste steht mir ja noch bevor, und ich fühle mich zu einsam ohne seine Hilfe. Meine Beziehung zum Pol hat eine gewisse Ähnlichkeit mit der Beziehung eines Landpfarrers zum Papst! Für mich ist der Nordpol noch immer ein heiliges Denkmal. Ich bin nur ein zerbrechlicher Sterblicher, der sich einer Wesenheit nähert, deren Dimensionen über seine Vorstellung hinausgehen. Ich brauche die ganze Kraft des Basislagers und die bedingungslose Unterstützung jedes einzelnen, um mein Ziel zu erreichen.

Ich lasse das Funkgerät angeschaltet, mit dem Hintergedanken, daß Michel vielleicht, von Gewissensbissen gepackt, mich noch mal anrufen wird, um mir Trost zuzusprechen. Aber es ist der Pilot einer kanadischen Militärmaschine, der Kontakt mit mir aufnimmt. Er kündigt mir an: „Am 29. April, wenn Sie den Pol erreicht haben, werde ich hinkommen. Bestätigen Sie das Treffen?" Ich bin sprachlos. Ich antworte ihm, daß ich leider nicht an diesem Tag am Pol ankommen werde, sondern erst ungefähr am 15. Mai.

Dann schaltet sich eine dritte Stimme ein, es ist Rudy. Von Resolute aus überwacht er ohne Unterbrechung den Funkverkehr; er hat also unsere Unterhaltung mitgehört. Er setzt den Piloten davon in Kenntnis, daß er sich irrt, daß er nicht mich, sondern Steger am Nordpol antreffen wird. Mir verschlägt es die Stimme.

Ich frage Rudy: „Stimmt es, daß Steger am 29. den Pol erreichen wird?"

„Im Prinzip müßte er es schaffen", bestätigt er.

Plötzlich spendet mir der Gedanke ungeheuren Mut, denn der Amerikaner marschiert etwas östlich von meiner Route – genau da, wo nach Michels Meinung keine Durchquerung möglich ist. Wenn er es geschafft hat, mit dem Gewicht seiner Schlitten durchzukommen, dann kann der Boden nicht so durchlöchert und so zerbrechlich sein, wie das Basislager mir weismachen will. Ich weiche täglich um einen Grad Länge nach Osten ab. Franco hat ein Drama daraus gemacht, dennoch war meine Ahnung richtig: Es gibt keinen Grund zur Besorgnis.

Sonntag, 27. April, 6 Uhr morgens. Das Flugzeug ist endlich gelandet. Ein Fotograf der Agentur Sygma will Porträtaufnahmen machen. Ich schaue zum Himmel, ich blicke zur Sonne, ich schaue aufs Eis, ich hebe den Kopf, ich senke ihn, ich lächle. Er ist zufrieden.

Ein Filmemacher will Aufnahmen für das kanadische Fernsehen machen. Er befestigt ein Mikrophon an meiner Mütze und stellt Fragen. Ich antworte. Er ist nicht zufrieden. „Das hast du mir schon beim letzten Mal erzählt – was ist seitdem passiert?" Ich lege ihm eine neue Nummer hin. Schließlich ist er zufrieden.

Ein Mann von Antenne 2 hat bis jetzt gefilmt, ohne ein Wort zu sagen. Da bricht es aus mir heraus. Ich erzähle ihm von meinem Einbruch ins Wasser, wohl wissend, daß es besser wäre, zu schweigen, denn das wird meinen Angehörigen einen heiligen Schrecken einjagen. Jedenfalls fühle ich mich danach wohler, ich möchte einfach ein wenig bedauert werden. Als Mensch ist er betroffen. Als Filmemacher ist er zufrieden.

Pascale, eine Freundin, ist mitgekommen, um mir Mut zuzusprechen, aber sie scheint sich ein bißchen unwohl zu fühlen in dieser Umgebung, die ihr völlig fremd ist. Ich kann ihr nur zwischen den Fotoaufnahmen und den Dreharbeiten zulächeln.

Michel Franco ist ganz außer sich. Er wartet offensichtlich darauf, daß wir uns etwas abseits unterhalten, um die Dinge zwischen uns wieder ins reine zu bringen. Die Unterhaltung ist kurz, aber es wird alles Nötige gesagt. „Ich brauche keine großartigen Strategien, alles, was ich von dir möchte, ist, daß du mir Mut gibst", sage ich zu ihm. Er gibt keine Antwort, kommt näher und umarmt mich sehr fest. Damit ist alles gesagt. Der Kontakt ist wiederhergestellt.

Wir gehen sofort zur technischen Seite über. Mit der Checkliste in der Hand überprüfen Michel und ich jede Einzelheit des Materials und beladen dabei zum letzten Mal zusammen den Schlitten. Ich bekomme ein neues Paar Ski und nagelneue Schuhe, als Ersatz für die alten, die der Frost nach meinem Sturz zu sehr ramponiert hatte. Immer wieder gehen wir das Inventar meines Schlittens durch, Punkt für Punkt, mit absoluter Konzentration – von einem Irrtum kann in diesem Stadium das Gelingen oder Scheitern meines Versuchs, vielleicht sogar mein Leben abhängen. Alles ist in Ordnung, es fehlt nichts. Jetzt bin ich es, der zufrieden ist.

Ross wartet nunmehr schon seit zwei Stunden, er will jetzt starten.

„Okay, los geht's", sage ich.

Aber die zwei Kameraleute und der Fotograf wollen meinen Aufbruch mit dem Schlitten auf dem Packeis filmen. Ich willige ein. Wir vereinbaren einen Pseudoaufbruch, nach dem ich noch einmal zurückkomme, um mich zu verabschieden.

Ich befestige das Gurtzeug und breche auf. Ich marschiere direkt in den weißen Dunst hinein. Ich höre sie hinter mir pfeifen, das ist das Signal, daß sie die gewünschten Aufnahmen haben. Ich drehe mich um, sie sind 50 Meter von mir entfernt, fünf fröstelnde Silhouetten auf dem Packeis, und plötzlich breche ich in Schluchzen aus. Ich hebe eine Hand wie zum Gruß, dann drehe ich ihnen den Rücken zu, laufe los, mein ganzer Körper wird unwiderstehlich nach Norden gezogen. Jetzt erst lasse ich meinen Tränen freien Lauf. Ich konnte nicht umkehren, ich wollte nicht, daß sie das Bild eines von Strapazen und Gefühlen gebrochenen Mannes in Erinnerung behalten. Mir bleiben acht Stunden zum Vergessen.

Montag, 28. April. 88 Grad nördlicher Breite. Nur noch 2 Grad! Schwieriger Tag. Am Morgen muß ich bei jedem Meter um ein Hindernis herumfahren und die Route nach dem mutmaßlichen Verhalten des Schlittens ausrichten. Zeitweise kommt es mir so vor, als würde ich einen Lastwagenanhänger fahren. Etwas später taucht ein See auf, der von großen Blöcken türkisfarbenen Eises eingerahmt ist. Auf seiner Oberfläche sehe ich einen Eisblock, der von der Strömung mitgezogen wird, er bewegt sich nicht sehr schnell, doch das Bild scheint sich plötzlich zu beleben. Da wird mir klar, daß das Wasser des Sees nicht mehr gefroren ist. Es plätschert ungehindert vor sich hin. Der See liegt als unüberwindbares Hindernis vor mir. Ich halte diesen Anblick nicht aus. Seit meinem Sturz ist das Wasser ein Symbol des Todes für mich geworden – und das wird es bis zum Ende dieser Reise bleiben.

Ich weiche 300 Meter nach Osten aus. Kein Durchkommen. Ich breche wieder in westliche Richtung auf und finde schließlich einen etwas solideren Untergrund. Er ähnelt einem Schachbrett, das aus aus Hunderten von kleinen, schwimmenden und bebenden Platten besteht. Innerlich vergleiche ich sie wieder mit den Blättern einer Seerose, die einen Teich bedecken. An den Punkten, wo die Blattränder sich berühren, kann ich von einem zum anderen gelangen. Ich kann mit den Skiern passieren. Ich kehre um, und hole den Schlitten, den ich am Ufer zurückgelassen hatte.

Doch der zweite Überquerungsversuch versetzt mir einen Schock. Ich arbeite mich voran und folge den Spuren meiner Skier, aber die sind plötzlich unterbrochen. . . und fangen 20 Zentimeter seitlich verschoben wieder an! 20 Zentimeter! Das ist enorm! Es sind gerade vier oder fünf Minuten vergangen, seitdem ich hier drübergegangen bin, und die schwimmenden Platten sind schon abgetrieben: Das Schachbrett steht unmittelbar vor dem Auseinanderbrechen! Etwas später – es wird höchste Zeit! – machen die Seerosenblätter einem schwimmenden Chaos Platz, das aus kleinen Blöcken von 30 oder 40 Zentimetern Dicke besteht.

Ich schnalle meine Skier ab und mache ein paar Schritte vorwärts. Es hält. Noch ein bißchen: Ploff! Der Block, auf den ich einen Schuh gesetzt habe, löst sich mit einem saugenden, schmatzenden Laut von den anderen. Ich mache kehrt, und. . . er nimmt wieder seinen alten Platz ein. Guter Gott, ich stecke in der Klemme, hinter mir treiben die Eisplatten ab, vor mir schmatzen die Blöcke. Das wird schiefgehen! Es fehlen nur noch zehn Meter, also so gut wie gar nichts, bis zu einem dickeren, stabiler aussehenden Untergrund. Ich stelle mich wieder auf die Skier. Herrlich! Es funktioniert, wenn ich wie bei einem arktischen Rodeo rittlings auf mehreren Blöcken turne! Gerettet!

Ich habe den nächsten Abschnitt erreicht, wo die Blöcke sehr viel dicker sind. Ich kann aufatmen. Da kentert fünf Meter neben mir ein Block und löst eine heftige Wellenbewegung aus. Ich flüchte mich schnellstens so hoch wie möglich auf einen festen Punkt. Die ganze Landschaft fängt an zu tanzen, oder besser gesagt, sich zu wiegen. Ein irrer Anblick! Meine eigene Hühnerstange schwankt lange hin und her, bevor sie sich schließlich stabilisiert. Hör auf, Papy! Ich muß die Nacht abwarten, damit es wieder friert. Das ist der Reflex eines Bergsteigers. Wenn eine Expedition durch einen tobenden Wildbach nicht mehr weiter kann, im Himalaya zum Beispiel, dann wartet man auf die Nacht. Die Gletscher hören dann auf zu schmelzen, und am frühen Morgen kann man bei niedrigem Wasserstand passieren.

Aber irgend etwas hier stört mich. Ich will den heutigen Abend nicht auf diesem Block verbringen. Ich spüre, daß er auf Gedeih und Verderb einem Riß der geringsten Welle ausgeliefert ist und kurz vor dem Umkippen steht. Ich entschließe mich zum Aufbruch, aber ich spanne mich nicht vor den Schlitten. Ich ziehe ihn an der Zugleine hinter mir her und mache mich auf den Weg.

Zweite Runde im arktischen Rodeo. Der Schlitten liegt ständig rittlings auf mehreren Blöcken – ebenso meine Skier. Unten plätschert unheilvoll das Wasser. Einmal muß ich mehrere hintereinander liegende kleine Eiswände überwinden, die nichts Gutes verheißen. Aber direkt neben mir bietet mir eine sehr dicke Wand im Notfall einen Halt. Natürlich gibt es ein Desaster. Genau unter mir kommt es zu einem Einbruch, und ich stemme mich mit ganzer Kraft und ausgestreckten Armen ab, die Hände in den großen Block verkrampft, um hinüberzukommen. Das alles geschieht in Sekundenbruchteilen, mein Hemd wird ein bißchen naß im Eiswasser, aber ich bin drüben.

Es gelingt mir, die Skier auf einen etwas festeren Untergrund zu stellen, und ich versuche den Schlitten einzuholen. Er kommt näher. Langsam. . . Vorsicht. . . Krach! Die kleinen Eiswände wanken, und der Schlitten berührt das Wasser, er schwimmt. Ich hole ihn im Eiltempo ein, uff! Ich bin gerade noch dem endgültigen Schiffbruch meiner gesamten Ausrüstung entgangen.

Der Eisblock, der mir als Rückhalt dient, ist stark geneigt und vollkommen glatt, er sieht aus wie eine Sprungschanze. Ich besteige ihn, wobei ich meine Skier querstelle und mich schrittweise nach oben arbeite. Ich bin fast am Gipfel angekommen, als ich wegen dem Zugseil des Schlittens, das bis zum äußersten gespannt ist, nicht mehr weiter kann. Ich muß es ganz einholen; am Ende hängen 50 Kilo Schlitten, das ist kein Spaziergang. Ich presse meine Skier so gut wie möglich in den Hang und achte darauf, die Kanten ordentlich einzustemmen. Jetzt fühle ich mich stabil. Ich fange an, den

Schlitten auf die Sprungschanze hochzuhieven. Plötzlich entfährt mir ein Schrei – ich bin ausgerutscht! Meine Skier, mein Körper, der Schlitten, alles stürzt den Hang hinunter. Diesmal ist es aus. Ich schließe die Augen.

Brutaler Stopp. Ich mache die Augen auf. Wie durch ein Wunder ist der Schlitten – das Hinterteil berührt fast das Wasser – auf etlichen kleinen, schwimmenden Eisblöcken in einem prekären Gleichgewicht zum Stillstand gekommen. Er liegt fast senkrecht in Hangrichtung. Jede Sekunde kann er untergehen. Meine Skier und ein Teil meiner Beine sind darunter eingeklemmt! Der Rest des Körpers liegt auf der Sprungschanzen-Eisbahn – ich wage nicht mehr zu atmen.

Heiliger Strohsack, wie soll ich je wieder da herauskommen? Wenn ich mich bewege, wenn ich mich auf den Schlitten aufstütze, werden die kleinen schwimmenden Blöcke unter ihm nachgeben – und dann werden die 50 Kilo Gepäck in den See hinabstürzen und mich mit hineinziehen. Ich kann nur meine Arme und Hände frei bewegen, um meine Haut zu retten. Und auch das nur, wenn ich mit höchster Feinfühligkeit vorgehe, denn mein Gleichgewicht hängt an einem seidenen Faden.

Ich mache zaghafte Versuche und krieche hoch, ich benutze meine Ellbogen, meine Hände wie bei einer schwierigen Kletterpartie im Gebirge. Zentimeter für Zentimeter befreie ich meinen Körper, dann richte ich mich etwas auf. Indem ich meine Skistöcke einstemme, kann ich mich wieder abstützen, und Meter für Meter steige ich auf die Sprungschanze hinauf. Den ganzen Hang entlang ziehe ich den Schlitten in kurzen Stößen wie an einer Winde hoch. Sobald ich spüre, daß er ein wenig rutscht, halte ich inne. Plötzlich fällt mir das Lied von Georges Brassens *Gare au gorille* ein. Und tagelang bringe ich es nicht mehr aus dem Kopf!

*

Dienstag, 29. April. 88 Grad 14'. 20 Grad minus. Wind aus westlicher bis südwestlicher Richtung. Im Kopf: *Gare au gorille*... Im Körper: eine ungeheure Müdigkeit... An den Füßen: zu enge Skibindungen. Es herrscht Chaos, Chaos, Chaos. Über Funk höre ich von der Katastrophe in Tschernobyl. Ich weine.

Mittwoch, 30. April. 88 Grad 14'. Minus 15 Grad. Von einem Blizzard erzwungener Halt. Gestern habe ich eine Zahnplombe verloren. Ich habe den Eindruck, daß das Loch in meinem Zahn im Laufe der Stunden, die ich in der Dunkelheit meines Schlafsacks eingemummt verbringe, immer tiefer wird. Es tut noch nicht weh, aber ich habe Angst vor einem Abszeß. In meinem Kopf ertönt ununterbrochen *Gare au gorille*. Ich versuche es zu verdrängen, indem ich lauthals alle möglichen Lieder, die mir einfallen, singe. Nichts nützt etwas.

Der Haltegriff des Schlittens ist abgebrochen, und auf der linken Seite habe ich zusätzlich einen Riß entdeckt. Bei der letzten Nachschublandung hatte das Flugzeug einen ganz neuen für mich mitgebracht, aber ich wollte lieber mit dem alten weiterziehen, mit dem mich gefühlsmäßig viel verband.

Ich höre über Funk, daß Flugzeuge der kanadischen Armee Proben entnommen haben, um die Radioaktivität auf dem Packeis zu bestimmen. Nach den vorliegenden Ergebnissen kann mir nichts passieren. Und dennoch: Ist es Tschernobyl? Ist es die extreme Einsamkeit? Ist es die Erschöpfung? Ich habe das Gefühl, daß das Ende der Welt naht und daß ich es so weit weg von allem und jedem, hier und jetzt, auf diesem Stück Packeis erleben werde. Ich bin am Boden zerstört.

Faß dich wieder, Papy! Aber mein Gehirn ist willenlos. Es ist zu spät, um etwas zu bereuen. Zur Ablenkung verbringe ich zwei Stunden über meine Skibindungen gebeugt. Ich säge und schnitze an den Rändern meiner Schuhe herum, damit sie ohne große Gewaltanwendung in die Bindung passen. Ich nehme auf allen Expeditionen eine Metallsäge mit. Und wieder einmal kann ich mich nur dazu beglückwünschen – das ist wahrlich das Werkzeug der tausend Möglichkeiten. Bravo! Das war der erste positive Gedanke des ganzen Tages! War aber auch Zeit.

Mein Kariesloch ist zu einer echten Höhle geworden. Ich schalte das Funkgerät ein, um mich abzulenken. Durch Zufall stoße ich auf ein Gespräch zwischen der französischen Frauenexpeditionsgruppe, die auf dem Weg zum Nordpol ist, und ihrem Basislager in Spitzbergen. Noch ein Versuch, der danebengeht. Die Mädchen sind am 83sten nördlichen Breitengrad und kommen täglich um 15 Kilometer vom Kurs ab. Ich bekomme nicht heraus, in welche Richtung genau; die Unterhaltung wird durch Nebengeräusche gestört. Leider scheint es nicht die Richtung des Pols zu sein, denn sie kündigen mir an, daß sie den Versuch etwa am 11. Mai abbrechen werden. Das ist Pech. Sie haben einen schlechten Ausgangspunkt gewählt, denn am Längengrad von Spitzbergen ist das Packeis wegen der Strömungen ein regelrechtes Rollband. Es hat überhaupt keinen Zweck, weiter zu marschieren, weil das Eis im gleichen Maß, wie man vorwärtsgeht, wieder zurückweicht – wodurch man bestenfalls dazu verdammt ist, auf der Stelle zu treten, und schlimmstenfalls an den Ausgangspunkt zurückgetrieben wird.

Ich denke an Pascale, die Resolute noch an diesem Abend Richtung New York verlassen wird. Wir haben überhaupt nicht zueinander gefunden beim letzten Nachschubflug. Ich würde mich gerne entschuldigen, versuchen, ihr mein Fehlverhalten verständlich zu machen. Ich ahne, daß sie mich wohl sehr hart gefunden hat, so abwesend trotz all meines Lächelns, so grob bei meiner Flucht nach dem Aufbruch. Aber das Abenteuer Nordpol läßt mich nicht los, ich bin wie besessen. Seine Wildheit verbietet jede andere Gemeinsamkeit. Tut mir leid, Pascale.

Auszüge aus meinem Tagebuch vom Montag, den 1. Mai: „88 Grad 21' nördlicher Breite. 10 Grad minus. Schon wieder hat mich das schlechte Wetter an Ort und Stelle festgenagelt. Ich bin um vier Uhr morgens aufgestanden, weil die Sonne durch die Wolkendecke hindurch zu sehen war, hell genug, um den Norden anzuzeigen. Aber ich habe mich ohne rechte Überzeugung fertiggemacht, fast so wie ein Gefangener eines Morgens beschließen könnte, seinen Rucksack zu pakken, nur um sich der Illusion eines Aufbruchs hinzugeben, in der Hoffnung, das Undenkbare dadurch zu bewirken. Dann bin ich eine Stunde lang um das Zelt herumgeschlichen, um mich von der Unsinnigkeit eines Aufbruchs zu überzeugen. Wohin auch und auf welchem Weg wohl? Ich hatte gedacht, ich würde mich zur Feier des 1. Mai auf dem Packeis verausgaben, aber der Nebel hat eine andere Entscheidung getroffen. Ich fühle mich dazu verdammt, mich nicht von der Stelle zu bewegen. Meine Stimmung ist so trist wie das Wetter, und meine Hoffnungen werden jeden Tag ein bißchen mehr zunichte gemacht.

Ich befinde mich im Zentrum eines stationären Hochdruckgebiets, ohne einen Lufthauch. Das Schlimmste daran ist, daß die Temperatur auf minus zehn Grad gestiegen ist. Es ist so warm, daß die Risse nicht wieder überfrieren.

Vom angenehmen Gefühl des Alleinseins zur zerstörerischen Einsamkeit ist es nur ein kleiner Schritt, und man muß sich davor hüten, ihn zu tun. Wenn ich zulasse, daß eine verzehrende Einsamkeit Besitz von mir ergreift, könnte das in dieser Welt schnell zum Wahnsinn führen. Alles ist erstarrt, tot, ohne Laut, ohne Farben – ausgenommen Weiß, Blau und heute Grau. Von woher wird es aufklaren? Und während ich warte, weiche ich vom Kurs ab.

Generaluntersuchung: Mein kariöser Zahn war wohl schon abgestorben, denn trotz des Verlusts der Plombe und trotz der Tiefe des Lochs habe ich keine Schmerzen. Dagegen habe ich Schmerzen im Oberschenkel, die bis ins Knie ausstrahlen und mich eine Sehnenentzündung fürchten lassen. Ich nutze die milden Temperaturen aus, um mich auszuziehen. O weh! Meine Venen sind riesengroß – es handelt sich um zwei Venen an der Innenseite der Oberschenkel – jede von ihnen hat einen Durchmesser von einem Zentimeter und tritt vollständig aus der Haut heraus. Das beunruhigt mich, aber ich verlasse mich darauf, daß die Gefäße so elastisch sind, daß sie nach meiner Rückkehr wieder normale Dimensionen annehmen. Daher kommen also die Schmerzen in den Beinen. Ursache ist der Druck der Zugleine des Schlittens auf meinen Bauch, wodurch die Vene praktisch abgebunden wird und etwas weiter unten ein Blutstau entsteht. Es gibt keine Möglichkeit, das zu verhindern, das ist der Preis, der für das Ziehen zu entrichten ist. Das fehlte eigentlich noch, daß ich mir Krampfadern hole!

21 Uhr. Ich bin schließlich noch sechs Stunden lang marschiert, nachdem ich um elf Uhr morgens mit dem letzten und einzigen Sonnenstrahl, der mir die Überquerung einer sehr chaotischen Spalte erlaubte, aufgebrochen war. Ich bin fünf Stunden lang im Nebel weitergegangen, indem ich mich am Lufthauch einer kleinen Brise orientierte, die mir auf die linke Backe blies. Heute abend ist das Wetter von einer

überraschenden Launenhaftigkeit, es wechselt innerhalb von wenigen Minuten von schön zu Nebel.

Über Funk redet Michel auf mich ein, nach Westen abzudrehen, denn Steger bekam ernstliche Probleme, weil er sich in den letzten Tagen zu sehr östlich gehalten hatte. Dieser verflixte Michel mit seinem Westen! Noch sturer als er kann man gar nicht sein. Aber dieses Mal bestätigen die aufeinanderfolgenden Positionsangaben von Steger, daß er recht hat, und ich werde endlich seinen Rat befolgen.

Freitag, 2. Mai. 88 Grad 31' nördlicher Breite. 68 Grad 28' westlicher Länge. Wind aus östlicher bis nordöstlicher Richtung. Heute hat mich alles erwischt!

Alle Sorten Eis: ein großes, dünnhäutiges Monster mit einer Breite von 500 Metern, chaotische Ansammlungen von Eisplatten, ein altes, wieder zugefrorenes *lead,* auf dem ich mich drei oder vier Kilometer lang ausgetobt habe, chaotische Haufen riesiger Eisblöcke, frische Spalten, von denen in alle Richtungen eine Vielzahl von Rissen ausstrahlt; sich windende Eisströme ohne Ende. Das Packeis scheint sich im Aufbruch zu befinden, es erinnert mich an einen ruhenden Vulkan, der plötzlich mit vehementer Kraft wieder aktiv wird.

Und jedes Wetter: anfangs Nebel, dann ein strahlendes Licht, das stellenweise aus einem dicken Nebel hervorbricht, darauf folgte Sonne an einem blanken Himmel, schließlich Eisnebel; und am Abend, sowie der Wind sich legte, erneut blendende Sonne. Der Riß links am Schlitten reicht nun bis nach hinten. Armer alter Freund, glaubst du, daß wir jemals zusammen am Nordpol ankommen werden?

In Resolute ist Volksfest! Die Expedition der Ultraleichtflieger ist mit 18 Personen eingetroffen. Sie haben Sender mit

Endlich wieder Sonne!

überdurchschnittlicher Reichweite dabei. Denis, ein Jagdpilot, unterhält sich mit mir über Funk. Er zitiert mir den berühmten Ausspruch von Guillaumet bei seiner Rückkehr in die Zivilisation nach dem schrecklichen Flugzeugunglück in den Anden: „Was ich getan habe, hätte nicht einmal ein Vieh getan." Plötzlich empfinde im tiefsten Inneren die Tröstlichkeit dieses Ausspruchs. Was für eine tolle Abenteurerbande waren doch diese Piloten der ersten Stunde der Luftpost: Guillaumet, Mermoz. . . und Saint-Exupéry. . . Seit meiner Kindheit bewundere ich sie. Aber erst hier, heute abend, auf diesem Packeis, kommt es mir so vor, als würde ich sie wirklich verstehen. „Was ich getan habe, hätte nicht einmal ein Vieh getan." Unablässig, unzählige Male sage ich mir diese zehn Wörter vor. Damit werde ich vielleicht die letzten Reserven meines Mutes aktivieren.

Samstag, 3. Mai. 88 Grad 40' Nord, 66 Grad 07' West, 14 Grad minus. Wind aus nördlicher bis nordöstlicher Richtung. Steger hat den Pol erreicht! Hervorragend! Es ist also möglich. Bravo! Bravo! Wenn er es geschafft hat, kann ich es auch. Bravo! Das ist einzigartig. Ich juble den ganzen Tag. Aber als der Abend anbricht, bin ich ein wenig neidisch. . . trotzdem. Drei Flugzeuge sind angekommen, um ihn abzuholen. Eines für die Reporter, das zweite war von National Geographic gechartert und schließlich noch das von der Expedition, gesteuert von meinem Freund Ross. Auf dem Rückflug hat Ross, als er mich überflog, einen Sack fallen lassen, der sechs Tagesrationen an Lebensmitteln, zwei Liter Benzin und einen Fotoapparat enthielt.

Ach, ich male mir die Freude aus, die Steger und seine Helfer jetzt fühlen. Sie sitzen in ihren weichen Sesseln, trinken Champagner und betrachten vom Warmen aus den Schrecken des Packeises. . . Schufte, Drückeberger, Halunken! Sie lassen mich ganz allein hier unten zurück. Ich habe Tränen in den Augen, ich freue mich so für Steger; und gleichzeitig kommt es mich hart an, sehr hart. Viele Male habe ich wieder Mut geschöpft, weil ich wußte, daß sie einige Tage voraus marschierten und litten. Von nun an bin ich das einzige lebende Wesen auf Hunderttausenden von Quadratkilometern.

Eine schreckliche Traurigkeit packt mich, steigt in meine Brust hinab, höhlt meinen Bauch aus, ergreift ganz und gar Besitz von mir. Ich werde zu einem Block der Einsamkeit, durchzogen von Spuren warmen Blutes, unter Tausenden von anderen Blöcken mit weißem, eisigem Blut – wie ein vor Alpträumen verstummtes Volk; und dennoch, allem zum Trotz liebe ich diese Welt, und ich ahne, daß Steger eine gewisse Sehnsucht verspürt, nachdem er sie verlassen hat.

Sonntag, 4. Mai. 88 Grad 51' Nord. 68 Grad 01' West. 10 Grad minus. Wind aus nördlicher bis nordöstlicher Richtung. Gestern abend habe ich fünf Kilo Material auf dem Packeis zurückgelassen: einen Liter Benzin, einen kleinen Rucksack, eine meiner zwei Isoliermatten, einen Anorak mit Thermolactyl-Futter, vier Tafeln Schokolade, Mandelpaste, Kekse, Vitamintabletten und sogar die Plastiktüten, die ich zum Schutz meiner Füße getragen habe. Ich hatte Lust, alles wegzuwerfen, um so schnell wie möglich auf den Pol loszumarschieren, im Dauerlauf dort anzukommen, damit alles ein Ende hat. Jetzt habe ich noch fünf Liter Benzin – was soviel wie 15 bis 20 Tage Autonomie bedeutet – und 14 Tagesrationen Lebensmittel, also nur noch das Lebensnotwendige. Auf keinen Fall darf ich Hand an diesen Schatz legen, um das Gewicht des Schlittens noch weiter zu verringern. Der ist leider noch immer zum Verzweifeln schwer, wenn man mit Schwung die *leads* überwinden muß, die sich pausenlos vermehren. Man könnte meinen, es wären unschuldige kleine Bächlein, die sich zwischen zwei Eiswänden dahinschlängeln, aber tückischerweise sind sie erst im allerletzten Moment sichtbar, wenn man schon darauf gelandet ist. Ohne Schwung sind sie dann nur schwer zu überwinden.

Seit drei Tagen herrscht Nordwind. Ich mußte das Zelt mit der Öffnung nach Süden (anstatt nach Nordosten wie vorher) aufstellen, um mich davor zu schützen. Nichts funktioniert mehr, es ist eine verkehrte Welt. Alle meine Orientierungspunkte haben sich um 120 Grad gedreht. Ich schlafe sehr schlecht deswegen, die ungewohnte Beleuchtung durch die Sonne überrascht mich jedesmal beim Erwachen. Alles, was vorher rechts war, ist nun auf die linke Seite gewandert und umgekehrt.

Mit dem Ergebnis, daß ich meine Vitaminpillen auf der falschen Seite des Zelts suche, daß ich schon gar nicht mehr weiß, in welche Richtung ich den Rucksack mit meinen persönlichen Sachen hinstellen soll und so weiter. Was einmal ein perfektes Ritual war, geregelt wie ein Uhrwerk, ist jetzt aus der Bahn geworfen. Das macht mir große Angst. Ich hatte die Disziplin beim Aufräumen bis zum äußersten getrieben, auf den Zentimeter genau, es war lebenswichtig. Die Perfektion der Ordnung im Zelt war der einzige psychische Ausgleich für die Angst vor der Unordnung des äußeren Labyrinths.

Ich erkenne nicht einmal mein winziges intimes Reich wieder. Das erschreckt mich, und es unterstreicht noch, sofern dies noch nötig wäre, die Anfälligkeit meines Wahrnehmungssystems. Was wäre, wenn ich eines Abends oder eines Morgens ganz und gar mein räumliches Vorstellungsvermögen verloren hätte? Wenn ich, durch die Fremdheit dieser unmenschlichen Welt in den Wahnsinn getrieben, anfangen würde, mich im Kreis zu bewegen, und nichts mehr wiedererkennen könnte?

Montag, 5. Mai. 89 Grad 05′ Nord! Ich habe den letzten Breitengrad überschritten! Und alle meine Streckenrekorde geschlagen, in neun Stunden bin ich 25 Kilometer marschiert! Es sind jetzt noch 102 Kilometer bis zum Pol. Er kommt näher! Er kommt näher! Abends beobachte ich im Zelt ein seltsames Phänomen: Es sind zwölf Grad minus auf der Schattenseite und mehr als zehn Grad an der Stelle, wo die Sonne auftrifft.

Michel kann ich nur mittels des 3oo-Watt-Relais hören, das auf der vorgeschobenen Wetterstation von Eureka eingerichtet ist, aber er selbst kann mich nicht mehr empfangen. Resolute Bay ist zu weit entfernt.

Das weiße Tor am Schwarzen Fluß

„Durchhalten! Durchhalten! Fünf Tage nur noch, Jungs, wir werden doch nicht so kurz vor dem Ziel aufgeben! – Und du da hinten, beeil dich mal ein bißchen, anstatt so herumzutrödeln. Und vor allem hör mit diesem schaurigen Konzert auf, du hältst dich wohl für eine Trommel oder was?"

Zum ersten Mal spreche ich heute laut mit meiner Ausrüstung. Ich halte eine Ansprache, wie ein Gespannführer es mit seinen Hunden machen würde. Der Schlitten ist mein bevorzugter Kandidat, ich zerre wie ein Verrückter an ihm und lasse dabei Beschimpfungen und Befehle auf ihn los. Ich bin wie ein kleiner, bissiger Chef, der seine Truppen zum Sturm führt, ein richtiger Kläffer!

„Fünf Tage noch, Leute, nur noch fünf mickrige Tage, und wir haben's in der Tasche. – Wenn wir den Pol nicht schaffen, dann schafft er uns. Vorwärts mit euch, ihr eingefrorenen Trottel, aufgewacht!" Oh, es handelt sich nicht um sonderlich tiefgründige Dialoge. Ich habe nur ganz gewöhnliche Gedanken im Kopf, oft sogar gar keine!

Wenn meine Berechnungen stimmen, dann bin ich in fünf Tagen am Ziel.

„Vorwärts, Schlitten! Vorwärts mit den Skiern! Vorwärts, die Stöcke! Und ihr Benzinflaschen da hinten, haltet eure Stöpsel gut fest! Abhauen kommt nicht in Frage, ihr Halunken! Sonst werden wir eben ohne euch anfrieren!" Ich komme mir vor wie im Zirkus und das elf Stunden lang über eine Distanz von 25 Kilometern.

Wir haben Dienstag, den 6. Mai, ich befinde mich auf 89 Grad 19' nördlicher Breite, 69 Grad westlicher Länge. Der Wind hat ein wenig nach Osten bis Nordosten gedreht, ich richte mein Zelt entsprechend aus. Heute nacht werde ich hervorragend schlafen. Ich verliere mich in Mutmaßungen: Gibt es vielleicht einen bevorzugten Winkel für den Schlaf auf dem Packeis, da mein Körper so sensibel darauf reagiert?

Der nächste Morgen beginnt mit dem Superhit *Gare au gorille,* sobald ich die Augen öffne. Die Melodie begleitet mich bis zum Frühstück, dann hört sie auf. Ich atme auf. Aber um Himmels willen, sie kommt zurück, da nistet sie sich schon wieder in meinem Kopf ein!

Eine Stunde später verschwindet sie, um kurz darauf erneut aufzutauchen. Na gut, ich habe mich daran gewöhnt, in Gesellschaft einer Musikbox zu leben, die einen Kälteschock auf diesem Packeis abbekommen hat und an der sich ein eingefrorener Knopf verklemmt haben muß. Aber ja, deswegen nämlich spielt sie ewig dieselbe Platte, jedenfalls ist das meine neueste Hypothese. . .

Der Schlitten ist nicht mehr gespalten, er ist aufgeschlitzt. Gestern abend mußte ich ihn komplett abladen, um den Schnee, der sich mittlerweile in dem Spalt abgelagert hatte, zu entfernen. Im Angesicht des Nordpols, der wie eine unbezwingbare Festung vor mir liegt, und dessen gefrorenen Armeen, dessen eisigen Zinnen und schwarzen Fallgruben ich mich pausenlos aussetze, bleibt der Zustand des Schlittens meine größte Sorge.

Gegen elf Uhr an diesem Mittwoch, dem 7. Mai, kommt ein Blizzard auf, der mit 35 Knoten aus Osten weht. Plötzlich

Wie lange wird der Schlitten wohl noch halten?

wird der weiche Schnee, den der gewöhnlich aus Westen kommende Blizzard an den senkrecht stehenden Hindernissen aufgetürmt hatte, von hinten erfaßt. Der Boden verschwindet unter einer unwirklich erscheinenden Schneewolke, die sich mit unglaublicher Geschwindigkeit über den ganzen Horizont legt.

Ich marschiere weiter, die rechte Körperseite buchstäblich an den Wind gelehnt, während der Schlitten hinter mir, durch den Ansturm der Böen ständig einen Meter auf die Seite geworfen, im Krebsgang seinen Weg macht. Dann taucht eine offene Spalte auf, die den Weg zum Pol abschneidet. Von ihrer Oberfläche geht ein weiches, lockendes Licht aus, aber in ihrem Zentrum ist sie durch einen gewaltigen Säbelhieb wie ein tiefschwarzes Z gespalten, dem unheilkündenden Zeichen Zorros ähnlich. Ein beeindruckendes und völlig übernatürliches Bild.

Ich setze meine Skier auf das Eis. Es ist übersät mit zahllosen Eisblumen, die bis zu sechs Zentimeter Durchmesser erreichen und einer im Süden Frankreichs weitverbreiteten Blume gleichen. Ein vertrautes, hübsches Bild. Diese Blumen werden im Nu unter meinen Füßen zermalmt und hindern mich nicht im geringsten am Gleiten. Einmal mache ich mir den Spaß, sie mit einem seitlichen Skischwung hinwegzufegen.

Horror! Das Eis direkt darunter ist schwarz! Also äußerst dünn, kaum ein paar Millimeter dick! Mit einem Schlag werden diese wunderschönen Blumen zu Grabschmuck, die, soweit das Auge reicht, ein schwarzes Leichentuch verbergen! Umkehren ist ausgeschlossen, ich bin schon zu weit vorgedrungen. Ich gleite weiter, mit dem beständigen Gefühl, auf meinem eigenen Sargdeckel Ski zu fahren. Ich wage es nicht einmal mehr, die Skistöcke einzustemmen. Am Himmel herrscht immer noch dasselbe silbrige Licht, die Schneewinde jagen sich unter einer weißen, unerbittlichen Sonne.

In regelmäßigen Abständen ertönt ein Geräusch. Jedesmal erstarre ich und drehe mich mit einer unerträglichen Angst im Bauch um, sicher, daß das Eis unmittelbar hinter mir aufgebrochen ist. Falscher Alarm! Auf der Oberfläche ist nichts zu sehen, und das Geräusch hat aufgehört. Ich fahre wieder los. Zehn Meter weiter fängt es wieder an! Es fällt mir unglaublich schwer, den Ursprung dieses seltsamen Widerhalls, der meine aufs äußerste gespannten Sinne in Vibrationen versetzt, zu orten. Es ist doch zu blöde, jetzt habe ich den Schuldigen entdeckt: Es ist das Plastiketui der Sonnenbrille, das in der Tasche meiner Marschjacke geblieben ist und beim Gehen an den Skistock schlägt!

Etwas später erreiche ich das schwarze Z. Es wirkt wie ein Streifen mit fließendem Wasser, auf dem die Windböen kleine, unruhige Wellen zeichnen, die über die Eisränder spritzen und unmittelbar darauf gefrieren.

Durch den Blizzard ist die Temperatur unvermittelt abgesunken, und genau das hat mir das Leben gerettet; dadurch, daß die Oberfläche wieder zugefroren ist, konnte sie mein Gewicht und das des Schlittens tragen. Um Zorros Zeichen zu umgehen, mache ich einen Umweg und durchquere schließlich in friedlicher Stimmung und Stille dieses Feld aus durchsichtigen Eisblumen, auf dem gelegentlich der Schnee hochstäubt.

Nach der Spalte stoße ich endlich wieder auf altes Eis und schließlich auf eine breite Schneise, die in nordöstliche Richtung führt. Aber der Himmel bedeckt sich, und wieder droht Nebel aufzukommen. Ich möchte eigentlich nach Nordwesten marschieren, aber dieser Weg zieht mich an. Sei's drum, ich werde noch einmal das Vertrauen von Michel enttäuschen, aber es wird für eine gute Sache sein. In dem Nebel, der alles bedeckt, werde ich hier schneller vorwärtskommen, ohne mich allzusehr zwischen den tief eingeschnittenen Rändern zu verirren. Woanders und insbesondere im Westen, mittendrin im schönsten Chaos, wäre das unmöglich.

Gegen drei Uhr muß ich anhalten. Mir ist schwindlig. Ich esse zwei Rationen hintereinander, das Schwindelgefühl verschwindet, aber das Hungergefühl hält an. Ich muß unterernährt sein. Der Nebel zwingt mich, das Zelt aufzuschlagen.

Um 21 Uhr 30 weiß ich noch nicht, wo ich bin. Erst um vier Uhr morgens kommt über Funk die Positionsbestimmung: 89 Grad 36′ nördlicher Breite und 82 Grad westlicher Länge. O Schreck! Was für eine Abweichung, ohne Zweifel auf den heftigen Blizzard aus östlicher Richtung zurückzuführen, der das Packeis nach Westen abgetrieben hat. Da muß Michel entzückt sein, zutiefst befriedigt, überglücklich!

Irrtum! Er hat andere Sorgen. Der telefonische Generalangriff der Zeitungen, der Fernsehstationen, der Sponsoren, der Freunde hat eingesetzt. Im Basislager läutet das Telefon Tag und Nacht und läßt ihm keine ruhige Minute mehr. Die ganze Mannschaft, die seit mehreren Wochen völlig isoliert war, hat einige Schwierigkeiten, sich an diese Invasion zu gewöhnen.

Was auch geschehen mag, ich will mein Abenteuer mit meinen Freunden beenden. Wenn ich den Pol erreiche, dann will ich mich nicht einer Meute von Fremden, die nach Wörtern und Bildern gieren, aussetzen. Ich gebe also sehr strenge Anweisungen: Falls ich Erfolg haben sollte, dann lade ich Gilles von Antenne 2, Eric Préau von Sygma, Laurent und Bernard für Kamera und Ton des Films und Michel ein. Sonst will ich niemanden sehen.

Mehr als je zuvor ist der Nordpol in meinen Augen zu einem heiligen Ort geworden, dessen Geheimnisse bewahrt werden müssen, an dem nur die Eingeweihten der früheren Versorgungsflüge teilnehmen dürfen. Eine Pressekonferenz auf dem Gipfel des Erdenglobus zu organisieren wäre einfach geschmacklos. Man kann sich kaum etwas Schlimmeres vorstellen, um einen der letzten mystischen Plätze des Planeten zu entweihen.

Dieser Donnerstag, der 8. Mai, wird der Tag der Wolken werden. Unter einem tiefhängenden und bedrohlichen Himmel lege ich das Zelt zusammen und marschiere eine Stunde. Die Wolkendecke sinkt immer tiefer, die Sonne verschwindet. Sehr schnell weiß ich nicht mehr, wo Norden ist, Wind und Eis bieten mir nicht genügend Anhaltspunkte. Jetzt sitze ich fest. Ich ziehe mich ins Zelt zurück, 20 Meilen vom Nordpol entfernt, der mir wieder einmal entgleitet.

Ich träume von einem Morgen, an dem es 50 Grad minus sind, mit einem Packeis aus Beton. Ich denke an d'Aboville, der mit dem Ruderboot den Atlantik überquert hat und dabei vom Ziel, dem Hafen von Brest, genauso weit wie ich vom Pol entfernt war und der zum Schluß das große Glück verspürte! Er mußte nur noch ein bißchen rudern, und das war's dann. Ein letzter widriger Wind konnte ihn noch ereilen, na gut; aber er hatte schon so viele davon eingesteckt, er würde ihn einfach über sich ergehen lassen und abwarten. Er wußte mit absoluter Sicherheit, daß er Erfolg haben würde. Es bestand nicht die geringste Gefahr, daß etwa Moses vorbeischauen und den Ozean trockenlegen würde.

Hier dagegen! Um 20 Uhr befinde ich mich auf 89 Grad 40' Nord und 72 Grad West im Vergleich zu 80 Grad West um vier Uhr morgens! 8 Grad Abweichung, und ich bin den heftigen Wellenbewegungen eines Blizzards ausgesetzt: alles ab nach rechts, ein bißchen Strömung aus östlicher Richtung, und wieder zurück nach links. Nichts, absolut gar nichts ist irgendwie zu kontrollieren. Diese gigantischen Kämpfe, in Verbindung mit dem Ansteigen der Temperatur, verschieben das Packeis. Der Alptraum von einem unüberwindlichen Meeresarm wird mich bis zum Ende der Nacht quälen.

Freitag. Der Himmel ist tiefschwarz. 13 Stunden laufe ich durch die Hölle, durch schrecklich dichten Nebel. Nach einigen unbedeutenden, wieder zugefrorenen Eisspalten stoße ich auf eine ausgedehnte Fläche mit einem Teppich aus eisigen Seerosen, über den ich mich im Zickzack bewege; es ist ein anstrengender, riskanter Slalom. Auf ausgedehnten Umwegen, mit gespannten Nerven und Muskeln, komme ich langsam in Richtung auf den sagenhaften Pol voran. Die Stunden erscheinen bald wie Jahrhunderte, bald wie Mikrosekunden, doch dem Abenteuer haftet nur noch ein Geschmack von Selbstmord und Leere an. Nur die Erfahrungen von 13 Jahren Bergbesteigungen und Fahrten auf den Weltmeeren, alles das, was sich im Gedächtnis meiner Muskeln, die in ihren Anstrengungen nicht nachlassen, eingeprägt hat in den Reflexen meiner Nerven, die noch reagieren, ermöglicht es mir, durchzuhalten.

Und dann öffnet sich plötzlich im Herzen dieses bleiernen Himmels eine Spalte. Ein außergewöhnliches Glühen bricht hervor. Die Sonne. Mein ganzer Körper beginnt zu zittern, ich spüre, wie meine Beine unter mir nachgeben. Das Entsetzen bringt mich an den Rand des Erbrechens. Die Sonne steht mir gegenüber! Seit Tagesbeginn bewege ich mich in südlicher Richtung! Die unerträgliche Vorstellung lähmt meinen Willen. Ich will nicht mehr Ski fahren, nicht mehr aufbrechen, weder vorwärts noch zurück, ich will gar nichts mehr, überhaupt nichts mehr; und dennoch macht mein Körper eine Drehung, wie von einem Geist beseelt, der mit dem von mir verbliebenen Rest nichts mehr gemein hat. Meine Skier nehmen ihr lästiges Vor und Zurück wieder auf und laufen an ihren vorhergehenden Spurrillen entlang – ein umherirrendes Phantom macht sich von neuem auf den Weg nach Norden.

Von diesem Augenblick an bewege ich mich zehn Stunden lang wie in Trance, ich habe eine zweite Bewußtseinsebene erreicht, auf der es weder Angst noch Verdienst, weder Willen noch Absicht gibt. Etwas, das einmal Jean-Louis oder Papy genannt wurde, gleitet durch die Eiswüste, der Himmel heißt nicht mehr Himmel, das Packeis hat keine Farben mehr, es gleitet immer weiter, ohne Grund und ohne Ziel – lebt dieses Wesen eigentlich?

Als es aber über den Rand einer Spalte springt, hält es abrupt inne, und mit einem Schlag sind ihm alle Empfindungen wieder zurückgegeben. Es sieht das weiße Packeis von neuem mit den Augen eines verdutzten Menschen; zu seinen Füßen, direkt vor seinen Skiern, befinden sich Abdrücke und noch sichtbare eingravierte Rillen. Die Abdrücke stammen von Hunden. Die Rillen sind Schlittenspuren. Steger! Ich bin auf Stegers Spuren gestoßen, der hier vor einer Woche unterwegs war, bevor er den Pol erreicht hat. Der Wind hat den weichen Schnee ringsherum weggeblasen, aber die von den Hundepfoten eingedrückten und den Kufen der Schlitten festgefahrenen Spuren treten hervor.

Unglaublich. Der Schock hat mich wieder zu mir gebracht. Ich sage mir: „Am 9. Mai, noch vor Mitternacht, wirst du am Pol sein. Du bist am 9. März aufgebrochen, das sind dann genau 60 Tage!" Und mache mich wieder auf den Weg wie ein Rennwagen, wobei ich den Spuren des Amerikaners folge. Der Nebel kann mir von nun an nichts mehr anhaben, das Spiel ist gewonnen, Papy, es ist vorbei.

Eine Mauer! Senkrecht! Drei Meter hoch! Und davor, auf einer Länge von zehn, zwanzig Metern, ein Eispuzzle, das anfängt auseinanderzufallen. Dort brechen auch abrupt Stegers Spuren ab. In den letzten acht Tagen hat das Packeis schrecklich gearbeitet. Was für ihn wohl noch eine große, solide und glatte Platte gewesen ist, gefolgt von einem Eisblock, ist für mich zum Tor zur Hölle geworden. Das Eispuzzle ist gepflastert mit kleinen runden Platten von einem Meter Durchmesser, die ihrerseits umgeben sind von unzähligen kleineren Platten mit einem Durchmesser von etwa 30 Zentimetern, die etwa 10 oder 15 Zentimeter aus dem Wasser ragen. Wenn ich mich bewege, kommt es mir so vor, als ob ich bis zum Fuß der Mauer auf einem Kugellager Ski fahren würde.

Dort beginnt ein Abschnitt, der rein alpine Klettertechnik verlangt. Ich klettere ohne Handschuhe, die Hände in winzige Eisrisse gekrallt. Mit der Schuhspitze verhake ich mich in kleinsten Unebenheiten, ich erreiche den Gipfel, ich ziehe mich mit einem Klimmzug hoch. Du liebe Güte, das Seil zwischen dem Schlitten und mir ist straff gespannt, ich sitze in der Klemme! Kriechend bewege ich mich Stück für Stück über den Boden, wickele so das Seil um meine Hüften, und der Schlitten steigt entsprechend die Wand hinauf. Gebe Gott, daß der Griff – oder besser das, was von ihm übrig ist – nicht im Eis hängenbleibt! Bei der Lage, in der ich mich befinde, würde ich in jedem Fall das Gleichgewicht verlieren, wenn ich wieder hinabklettern müßte, um ihn freizubekommen. Wenn ich stürze, dann falle ich schnurstracks durch das tödliche Eispuzzle, um mich auf ewig zu den Platten dort unten zu gesellen!

Der Schlitten kommt! Er kratzt, er reibt, er kommt nur mit Mühe nach oben, mit größter Mühe zwar, aber ich habe jetzt genug Spielraum, um die Zugleine auszuhaken. Die Schnur an meiner Taille dient als Sicherung. Mit großer Vorsicht befreie ich mich, Schlinge für Schlinge, von ihrer Umklammerung; das Seil hängt jetzt ein wenig durch, ich kann den

Schlitten direkt einholen – noch einen Meter, noch 50 Zentimeter; seine Spitze streift den Gipfel, ich weiche ein Stück zurück, ich stemme mich ab, er ist schwer, verdammt schwer, aber schließlich ist er oben bei mir! Ich bin drüben! Und wieder geht es los. . .

Nach 13 Stunden und 30 Minuten will ich mein Lager aufschlagen, um etwas zu essen. Ich habe gerade eine Reihe von schwach zugefrorenen *leads* überquert, deren Eisdecke grauenhaft dünn war. Mehrere Male mußte ich beim Anseilen auf die Eisschrauben zurückgreifen. Und sogar eine Runde arktisches Wasserski blieb mir nicht erspart, als plötzlich das Eis unter mir krachend und spritzend nachgab und ich versuchte, mich schleunigst aufs Ufer zu schleppen.

Es ist jetzt 18 Uhr 30, zwischen mir und dem Nordpol liegen meinen Berechnungen zufolge noch fünf Meilen – also noch fünf Stunden Marsch bis zum Sieg. Ich gehe noch ein bißchen weiter. Da beginnt der Horror: Ein richtiger Fluß von 20 bis 30 Metern Breite versperrt mir den Weg!

Es ist ein endloses, schwarzes Band mit einer millimeterdicken Eisdecke, das weder im Osten noch im Westen ein Durchkommen ermöglicht. Das ist der letzte Schlag, den das Packeis mir versetzt. Ich bin mit meinen Nerven am Ende. Schwankend zwischen Abscheu und Erschöpfung stelle ich mein Zelt am Rande dieses Alptraums auf. Dann rufe ich Resolute, um meine Position festzustellen. Zweiter Schlag: 89 Grad 48' nördlicher Breite, antwortet mir Michel mit düsterer Stimme. Meinen Schätzungen nach glaubte ich mich bei 89 Grad 55'. Ich bin 13 Stunden lang zwischen Leben und Tod marschiert, und alles war umsonst.

„Du befindest dich auf einem Rollband! Ich wiederhole: Du befindest dich auf einem Rollband!" ist der traurige Kommentar von Michel. Leider hat er recht. Schon seit dem

Morgengrauen muß das Packeis nach Süden abgedriftet sein. Ich soll den Nordpol einfach nicht erreichen, ich werde scheitern, rundweg scheitern, wenige Kilometer vor dem Ziel. Die Hindernisse hören nicht auf, der Wetterbericht wird jedesmal gräßlicher. Es sind jetzt sechs Grad unter Null, und der Nebel ist wieder da – ich kann nicht mehr, ich kann nicht mehr, ich kann einfach nicht mehr.

„Hallo, Papy?"

„Ja."

„ Hier spricht Bernard, kannst du mich hören?"

„Hundertprozentig! Ich wiederhole: hundertprozentig!" Meine Stimme klingt jämmerlich, von Tremolos der Verzweiflung durchsetzt. Bernard Prud'homme, der das Mikrophon übernommen hat, ist Präsident des Vereins der Bergführer von Chamonix, und vor allem ist er seit frühester Zeit ein Freund und Helfer.

„Du weißt gar nicht, was für ein Glück du hast", sagt er, „du bist jetzt bei 89 Grad 48'. Du bist fast schon am Nordpol, merk dir das, daß du praktisch schon am Nordpol bist, daß es auch bei schlechtem Wetter sicher klappen wird. Sag dir, daß es super ist, daß alle Welt dich beneidet, daß alle Welt auf dich eifersüchtig ist, daß du gerade etwas ganz Phantastisches gemacht hast. Und verdammt noch mal, genieß es wenigstens, genieße es! Freu dich, was du für ein Glück hast, angekommen zu sein. Du bist da, man kann sagen, du bist angekommen!"

Ich heule beim Zuhören wie ein kleines Kind. „Das ist super, was du da sagst! Ich wiederhole: Das ist super, was du da sagst." Der Gefühlsüberschwang hat mir den Atem genommen, ich stottere Bernard andauernd denselben Satz vor. Er gibt mir wieder Michel.

„Wir fühlen alle mit dir! Ich wiederhole: Wir fühlen alle mit dir!"

„Ja, danke, verstanden, guter Empfang, ich umarme euch, wir treffen uns gleich am Nordpol wieder, nicht wahr! Gleich."

Freitag, 9. Mai. 11 Uhr abends. Es sind minus 10 Grad, es schneit, es ist neblig. Der Wind weht aus nördlicher Richtung, genauer gesagt, aus Nordost. Er bläst mit 20 Knoten in der Stunde, was ziemlich heftig ist. Seit Stunden schon drehe und wende ich mich in meinem Schlafsack hin und her, ohne zur Ruhe zu kommen. Ich bin vom Pol besessen. Ich beschließe, wieder aufzubrechen. Es ist schon Mitternacht, als ich von Westen her auf den Schwarzen Fluß stoße. Sein Verlauf ist sehr unregelmäßig, mehrere Male denke ich mir: „Ah, da unten berühren sich die Ufer", aber jedesmal scheitert der Versuch, hinüberzukommen.

Es fehlt nicht viel, einmal nur anderthalb, dann zwei Meter, nicht mehr. Ich bin fast bereit, einen blitzschnellen Sprung ins eiskalte Wasser zu riskieren und zu hoffen, daß ich mich auf der anderen Seite irgendwo festklammern kann! Der Nordpol ist so nahe, ich habe größte Lust, alles auf eine Karte zu setzen. „Nein, Papy, spring noch nicht, such nach einer anderen Möglichkeit, ein bißchen weiter oben. . ."

Später krümmt sich der Flußlauf nach Süden, wendet sich nach Westen und zeichnet dabei ein riesiges V. Es ist zwei Uhr morgens, als ich verzweifelt an der Spitze des V ankomme. Nirgends hätte ich eine Überquerung riskieren können. Trotz des Nebels kürze ich diagonal nach Norden ab, um meine alten Spuren wiederzufinden und die enge Stelle, an der ich gezögert hatte, zu springen. Ich bleibe zehn schreckliche Minuten vor diesem idiotischen Zwei-Meter-Abstand stehen und frage mich: „Was machst du jetzt, springst du, oder springst du nicht? Riskierst du ein Bad oder nicht? Und wenn du den Schlitten abladen würdest, um ihn als Boot zu benutzen?"

Die verrücktesten Ideen gehen mir durch den Kopf, ich stehe völlig im Bann dieser Möglichkeit, nach einer raschen Überquerung den Weg zum Nordpol frei zu haben. Aber die Stimme der Vernunft gewinnt die Oberhand. Noch einmal verzichte ich. Ich breche wieder auf. Es ist vier Uhr morgens, als ich meinen Ausgangspunkt mit den Spuren meines Lagers wiederfinde. Seit Mitternacht bin ich jetzt umsonst marschiert, der Schwarze Fluß hat gewonnen. Es bleibt mir nur noch eine einzige Chance: der Versuch, ihn weiter östlich zu überqueren.

Ich laufe drei Stunden lang. Gegen sieben Uhr morgens wird das Ufer zu einem angsteinflößenden Chaos. Man könnte meinen, daß das Packeis hier buchstäblich explodiert ist, überall liegen Eisblöcke verstreut. Aber hier ist vielleicht die letzte Gelegenheit, hinüberzukommen. Ich wage mich auf hochgeworfene, losgelöste Eisplatten, auf kaum wieder zugefrorener Oberfläche; ich passiere sie, mache wieder kehrt, passiere erneut, kurzum, ich komme nur langsam voran, sehr langsam.

Es ist zum Kotzen, ich bin umgeben von fließendem Wasser, es ist dunkel, die Sichtweite beträgt höchstens 50 Meter. Im Hintergrund läßt eine dichte Nebelbank nur vage schwärzliche Umrisse erkennen. Aber ich gebe nicht auf! Dann treffe ich auf das schlimmste Labyrinth, das mir je begegnet ist. In seinem Inneren finde ich mich auf einer einzelnen Eisscholle wieder. Den Schlitten habe ich sicherheitshalber auf einer anderen zurückgelassen, um seinen Verlust nicht zu riskieren – aber ich lasse ihn nicht aus den Augen. – Schramm! Die Eisscholle, auf der ich mich befinde, bricht auseinander. Vom Wind angetrieben driftet sie ab, und der Schlitten bleibt außer Reichweite auf der anderen Seite des Wassers! Ich sitze jetzt auf einer Art schwimmender Insel, ohne Verbindung zu anderen Eisschollen. Drei oder vier unerträgliche Minuten vergehen, in denen ich durchgeschüttelt und in alle Richtungen hin und hergeworfen werde, bis sich eine Möglichkeit zu entkommen anbietet.

Verflucht, der direkte Zugang zu meinem Schlitten ist abgeschnitten, ich werde wohl viel Glück brauchen, um ihn bergen zu können. Da erspähe ich rechter Hand eine Möglichkeit zum Übersetzen. Auf Umwegen und mit vielen Tricks gelingt es mir, wieder zu meinem Kompagnon zurückzukommen. Ich bin unbeschreiblich erleichtert.

Eigentlich war dieser Weg gar nicht so schlecht, ich werde ihn noch ein zweites Mal nehmen und versuchen, weiter westlich voranzukommen. Kurz danach erreiche ich eine ziemlich isolierte Landspitze, Spalten und schwankende Eisblöcke versperren mir den Weg. Es gibt nur einen Ausweg: einen senkrechten Korridor zwischen den zwei Eiswänden einer engen, drei bis vier Meter hohen Spalte. Man kann zur Not darin hochklettern, wenn man die beim Bergsteigen als Stemmtechnik bekannte Methode einsetzt, die darin besteht, den Körper zwischen den beiden Wänden einzustemmen und sich dabei Stück für Stück nach oben zu schieben. Aber der Zugang ist gefährlich. Am Fuß der Spalte ist das Eis geradezu furchterregend dünn. Nein, Papy, laß es sein! Nein! Wenn du da hineingehst, bist du verloren! Du brauchst hier nicht zu krepieren, bloß weil du ganz nah am Pol bist!

Wütend mache ich kehrt. Im Labyrinth folge ich der Eisversion von „Ariadnes Faden", nämlich meinen Spuren, die mich wieder zum Ausgang führen. Müde stoße ich, kaum dem ersten Labyrinth entronnen, auf einen zweiten Irrgarten von gigantischen Ausmaßen. Es ist unvorstellbar, wieviel Krümmungen, Windungen und Umwege ich Stunde um Stunde vollführe, das Gesicht pausenlos vorgestreckt, um mich immer wieder an der Richtung des Windes, der gegen meine rechte Backe bläst, zu orientieren. Tatsächlich trage ich auf dem rechten Nasenflügel Erfrierungen der Nasenhaut davon. Von Zeit zu Zeit bestätigt mir der Lichthof der Sonne die Windrichtung. Ich bin jetzt äußerst mißtrauisch, der Wind braucht nur unbemerkt zu drehen, und schon würde ich wieder einmal Richtung Süden marschieren. Durch puren Zufall entdecke ich einen breiten Ausgang, der in flacheres Gebiet führt.

Es ist jetzt Samstagmittag, der 10. Mai. Ich habe wieder zwölf Stunden Marsch hinter mir, der Wind wirbelt immer wilder, der Nebel wird dichter, meine Peilung des Nordens wird zweifelhaft. So oder so muß ich haltmachen, um meine Position zu bestimmen. Während ich das Zelt aufstelle, kommt ein schrecklicher Nebel auf, der Nordwind nimmt an Stärke zu; so verliere ich endgültig die Richtung des Pols; und zugleich läßt mich der Wind, der immer mehr einem Blizzard ähnelt, nach Süden vom Kurs abweichen! Resolute empfange ich nur unter Schwierigkeiten. Michel fragt mich, ob ich nicht das berühmte Boot haben will, das unter enormen Kosten von Frankreich herbefördert wurde. Wie soll ich ihm den Stand der Dinge hier beschreiben? Ich bräuchte einen Luftkissen-Eisbrecher mit ausfahrbaren Raupen und mit Schwebewinden, die Erfindung eines Eskimo-Ingenieurs, um hier segeln zu können, und selbst dann!

Michel behauptet steif und fest, daß die *leads* perfekt sind zum Segeln! Und das mit einem kleinen, kiellosen Segelboot, das noch dazu total instabil ist! Warum dann nicht gleich versuchen, den Nordpol mit dem Fahrrad zu erreichen. . . Im Geiste tobe ich mich aus bei der Vorstellung dieses unwahrscheinlichen Gefährts aus einem Science-fiction-Roman, das alle Hindernisse überwinden würde. Ich säße bequem am Steuerpult in einer klimatisierten Kabine und würde Hardrock hören, während die Bilder vom Packeis über den Videomonitor der Steuerung laufen würden!

Für einen Augenblick habe ich die harte Wirklichkeit der Zahlen, die Resolute bekanntgegeben hat, vergessen: 89 Grad 50′ nördlicher Breite! Der Nordpol ist unerreichbar! Den Satelliten zufolge habe ich in zwölf Stunden eine Meile zurückgelegt, seitdem ich vom Ufer des Schwarzen Flusses aufgebrochen bin. Leider habe ich meine Zeit zwangsweise damit zugebracht, flußauf und flußab, von Osten nach Westen, zu marschieren! 89 Grad 50′! Ich bin nur 18 Kilometer vom Nordpol entfernt! Ich bitte die Geschworenen um Nachsicht, ich wünsche mir nichts mehr, als daß er mir jetzt zugestanden wird! 18 Kilometer, das ist überhaupt nichts, verglichen mit den 800, die ihn von Ward Hunt Island trennen! Ich flehe Sie an, geben Sie ihn mir, sagen Sie, daß ich am Ziel bin, daß es endlich vorbei ist!

Hör auf mit diesem Gejammer, Papy, hör auf damit! Der Nordpol ist bei 90 Grad und nirgends sonst! Du hast immer noch Beine, um dorthin zu marschieren, denk an die Worte von Bernard Prud'homme: Genieß es, du steckst mitten in einem verrückten Abenteuer, also hör auf zu heulen und mit dem Breitengrad herumzuspielen! Der Kampf ist phantastisch, greif an! Ein bißchen weiter, ein bißchen später, und die Spalte des Schwarzen Flusses wird besiegt sein! Aber es ist nichts zu machen, die Vorstellung vom Mißerfolg läßt mich nicht los. Alle Viertelstunde krieche ich aus dem Schlafsack, um den Lichthof der Sonne zu erspähen... Vergeblich...

Gegen 17 Uhr beschert mir die Sonne ein Augenzwinkern, das mich überglücklich macht. Sofort stelle ich einen Ski in ihre Richtung auf und packe das Zelt zusammen. Um 18 Uhr bin ich unterwegs.

Zwei Stunden später komme ich da an, wo ich das Ende der Spalte vom Schwarzen Fluß vermute. Man kann die Sonne hinter den Wolken erraten; zum ersten Mal marschiere ich nachts, mit der Sonne vor mir, also gegen das Licht. Gestern, im Nebel, war dieser Lichthof gar nicht vorhanden, um Mitternacht herrschte das gleiche Licht wie um acht Uhr morgens. Im übrigen war mir gar nicht recht klar gewesen, daß es Nacht war! Der Südhang der Spalten liegt also von nun an im Schatten, das läßt ihre Konturen hervortreten und erleichtert mir meine Navigation.

Aber ein Stück weiter, nach einer etwas flacheren Zone, verbreitert sich die Spalte erneut! Der Boden ist übersät von Bruchstücken zertrümmerter Eisbrocken und ziemlich weich. Der einzige Weg hindurch führt zu einer kleinen, senkrechten, etwa mannshohen Mauer. Ich schnalle die Skier ab. Meine Taktik ist einfach: Ich werde hochspringen, mich mit den Händen am Rand festklammern, ein Klimmzug und hopp! Vom oben aus werde ich den Schlitten nachziehen. . . wie gewöhnlich. Ich klammere mich fest.

Heiliger Strohsack! Drei Meter, bevor ich den Fuß der Mauer erreicht habe, löst sich die Eisscholle, auf der ich mich befinde, mit einem heftigen Ruck ab. Ich werde entsetzlich weit zurückgeworfen. Hier trägt es noch. Was tun? Es bleibt mir nichts übrig, als Anlauf zu nehmen, über die paar Schollen hinwegzugaloppieren und mich dann in die Mauer zu krallen! Entweder es klappt, oder ich gehe unter, aber das ist die einzige Möglichkeit.

Ich konzentriere mich aufs äußerste und renne mit gesenktem Kopf los. Der erste Eisblock geht unter meinen Füßen unter, aber ich habe schon einen Fuß auf den nächsten gesetzt, der versinkt auch, meine Schuhe sind voll Wasser, ich springe auf den dritten, jetzt ist die halbe rechte Wade naß, auf dem vierten versinkt die linke Wade ganz, ich nehme ein letztes Mal Schwung für den fünften, und kralle mich mit beiden Händen an der Mauerkante fest, ein kräftiger Klimmzug, und ich lande auf dem Gipfel. Schnell ziehe ich den Schlitten hoch und laufe los, um mich möglichst schnell von diesem widerwärtigen Hindernis zu entfernen.

Meine Füße sind klatschnaß, da kann man nichts machen, das gehört dazu. Es ist 21 Uhr. Das ist der mit Michel vereinbarte Zeitpunkt für ein Funkgespräch, aber von jetzt an halten sie im Basislager Dauerwache – sie werden schon warten. Ich bewege mich im Zickzack in einem Labyrinth, das einem weißlichen Sumpf ähnelt. Überall steht offenes Wasser, aber ich entdecke einen harten Eisstreifen, auf dem ich ohne Hindernisse weiterkommen kann, und lasse die Skier laufen!

Eine Stunde später schalte ich das Funkgerät ein und empfange Resolute. Ohne weitere Einleitung schreie ich ihnen ins Mikro: „Hört mal, ich weiß nicht, was jetzt noch passieren wird, aber ich glaube, ich bin praktisch im Polsektor angekommen. Seid endlich großmütig und gesteht mir zu, daß ich angekommen bin! Hallo, ich wiederhole: Seid ihr einverstanden?"

Die Antwort auf meine Frage werde ich niemals kennen. Wie absichtlich bricht die Verbindung zusammen, wird schrecklich schlecht, ja unbrauchbar. Es ist zum Heulen! Was zuviel ist, ist zuviel! Ich lege mein kleines Funkgerät zusammen und breche auf. Ich konnte nicht einmal meine genaue Position in Erfahrung bringen. Was es auch war, ich werde mich noch länger anstrengen müssen. Ich will nicht bei 89 Grad 57' nördlicher Breite, oder einer ähnlichen Zahl, bleiben, ich will zum 90. Grad kommen! Mein Funkgerät ist jetzt ohne Unterbrechung eingeschaltet und sendet pausenlos. Die Satelliten geben die Daten weiter, damit am Computer meine Position auf 100 Meter genau berechnet werden kann. Das ist für die wissenschaftliche Überprüfung.

Aber an Ort und Stelle die Lage des Nordpols ausfindig zu machen, das ist kein Computerspiel mit wissenschaftlich-geographischen Koordinaten. Es gehört eine Menge Gefühl für das Gelände und das Urteilsvermögen eines Menschen dazu, der dem Packeis auf Gedeih und Verderb ausgeliefert ist.

Die Vielfalt und die Gefährlichkeit der Hindernisse, die mir im Verlauf der letzten 20 Stunden begegnet sind, hat so zugenommen, daß ich mit dem Gefühl weitergehe, an die letzten Bastionen des verbotenen Bereichs zu rühren, unmittelbar vor dem Eintritt in den innersten Kreis zu stehen, dessen Zentrum der Nordpol ist. Wie ein umherirrender Geist gehe ich von Ost nach West an den Mauern seiner Zitadelle entlang, auf der Suche nach einem Tor. Nicht nach dem schwarzen Tor des Todes, das das Abenteuer beschließt, sondern auf der Suche nach dem weißen Tor, das Neues eröffnet und den Übergang auf die andere Seite in eine völlig neue Welt ermöglicht.

Gegen Mitternacht werde ich Zeuge eines Wunders. Die Ränder der Spalte stehen im Begriff, mit einem titanischen Grollen aufeinanderzustürzen. Direkt vor mir ahmen zwei Eisschollen in der Luft unter schier unerträglichem Knirschen die Bewegung einer Zugbrücke nach. Ich bin wie geblendet. Man könnte meinen, daß die Wälle der Zitadelle sich hinabneigen, um mich zu empfangen. Die Ränder der Eisplatten kippen mit majestätischer Ruhe aufeinander zu, bis sie sich schließlich treffen und eine regelrechte Brücke über dem Chaos bilden. Ich stürze darauf zu, während die ganze Oberfläche noch unter meinen Skiern grollt und vibriert. Es ist geschafft! Ich komme rüber! Endlich...

Immer wieder bin ich fasziniert von der grandiosen Landschaft

Es wäre allerdings korrekter und vor allem auch viel ehrlicher zu sagen, daß das Packeis mir sein weißes Tor aufgetan hat, um mir den Zugang zum Zentrum zu gewähren, zum Nordpol, den die kanadischen Kinder das Land des Weihnachtsmannes nennen, denn sie wissen genau, daß er dort wohnt. Und als ich die unfaßbare Weiße dieses sagenhaften Universums betrachte, bin ich nur zu bereit zu glauben, daß sie recht haben, daß ich beim Umrunden einer Eisformation seinen Schlitten kreuzen werde und daß wir uns im Vorbeigehen grüßen werden!

Im Zauberkreis des Nordpols

Auf der anderen Seite der Zugbrücke stoße ich auf eine etwa 100 Meter lange, in den Himmel ragende Eisplatte. Vorsichtig klettere ich hinauf und rede mir ein, daß mich auf der anderen Seite bestimmt Wasser erwartet. Immer diese Spukvorstellung von einem Mißerfolg, von unüberwindbaren Hindernissen! Doch nein, oben angelangt und jenseits einer zwei Meter breiten, abgestuften Spalte, die ich mit Leichtigkeit überspringe, erstreckt sich vor mir das Reich des reinen Eises, ohne Risse, Flüsse oder die unheilvollen *leads*.

Ich laufe über mehrere ziemlich flache Ebenen, die immer wieder von einem unregelmäßigen, seltsam anmutenden Gebiet unterbrochen sind. Dort herrscht ein Durcheinander aus senkrechten Platten, die wie Schildpatt aus Kristall wirken und verstreut zwischen Eisskulpturen, Statuen aus Eisblöcken und Eiswänden, die an Grabsteine erinnern, herumliegen. Es kommt mir vor, als ob ich durch einen Friedhof gleite, der aus Urzeiten stammt und für die Ewigkeit geschaffen wurde.

Dann beginnt es zu schneien. Das bleiche Leuchten der Mitternachtssonne wird unwirklich gestreut, so als würde es in den Schnee geprägt. Es gibt nur noch sanfte Hindernisse, alle anmutig mit weißer, leuchtender Seide bedeckt, und die ungeheure Stille wirkt wie ein Traum nach dem vorhergehenden Knirschen und Krachen. Ich bin endlich in den Zauberkreis eingedrungen, ins Herz der kristallenen Zitadelle, in den ewigen Schlaf des letzten Breitengrads. Ich spüre, daß ich mich verstohlen in ein Märchenreich einschleiche, das sich der Beschreibung und dem Vorstellungsvermögen eines Menschen entzieht.

Wo bin ich? Ich weiß es nicht, die Erdspitze scheint ein anderer Planet zu sein. Alles ist sanft, mir wohlgesonnen, angenehm. Es ist vorbei, ich gleite durch eine Traumlandschaft zum Nordpol. Er lädt mich zu sich ein. Tränen der Erschöpfung brennen mir in den Augen, aber welch ein Glücksgefühl!

Ich bin am Rande des Wunders, des Göttlichen. Zwischen den Liebkosungen des Schnees und der Stille ziehen mir all die Probleme und Behinderungen, die ich vorher erfahren habe, durch den Sinn, meine Stürze und meine Kletterpartien, meine Ängste und Irrwege. Es ist vorbei. Die letzten Schranken sind gehoben, ich brauche nur noch zu laufen, bis ins Zentrum des Nordens.

Körperlich komme ich jetzt an meine letzten Energiereserven. Ich muß oft anhalten, meine Skistöcke aufbauen, mich auf meine Ellbogen stützen, um ein wenig zu dösen. Hopp! Sobald ich im Begriff bin, umzufallen, wache ich auf und ziehe wieder los. Ich muß an die Zugvögel denken, die genauso schlafen auf ihren unglaublichen Wanderungen, und daß sie dabei nur noch ganz zart mit den Flügeln schlagen.

Gegen zwei Uhr morgens spüre ich, daß ich fast am Ende bin. Ich kann nicht mehr. Ich unterhalte mich wieder lautstark mit der Ausrüstung. Ich schreie ihr zu: „Das war's, wir sind da, ich glaube, hier ist es!" Aber fast kommt es mir so vor, als würde mich etwas, ist es der Schlitten oder etwas anderes, noch weitertreiben, etwas, das mir zuflüstert: „Nein, es ist nicht genau hier, es ist noch ein bißchen weiter da unten, Richtung Norden."

Ich breche wieder auf. Ja, jetzt ist es sicher, etwas führt mich, zieht meinen Körper, meine Skier, meinen Schlitten an. Ich verbringe diese letzten zehn Minuten wie in der beharrlichen und doch nur hintergründig spürbaren Umarmung eines geheimnisvollen, vollkommen fremden Wesens. Und ganz plötzlich bin ich da, genau in dem Moment, als es mich verläßt. ICH BIN ANGEKOMMEN! Ich bin am Nordpol. Es ist vorbei.

Oh, es gibt keinen Freudenausbruch, denn in Wirklichkeit komme ich gar nirgends an! Kein Zeichen, kein Pfahl, den man unter Schreien von „Ich hab's geschafft, ich hab's geschafft!" umarmen könnte. Nichts dergleichen gibt es, der Nordpol ist nur ein abstrakter, symbolischer Punkt, immer da und doch nicht faßbar. Es ist seltsam, fast schon frustrierend.

Wenn man die Spitze eines Berges einmal erreicht hat, dann ist alles klar: Man ist am Ziel, man kann nicht mehr weiterklettern. Aber hier setzt sich das Eis immer weiter fort. Der Mensch muß allein in seinem Bewußtsein festhalten, daß er sein Ziel erreicht hat.

Das ist im übrigen nicht ohne Reiz. Das wahrhaftige Ende eines Abenteuers hängt nie von einer Stein- oder Eismarkierung ab, von einem Gipfelkreuz, von einer Grenze. Das Ende ist da, wo der Mensch es vermutet. Für mich wird der Nordpol, den ich an diesem 11. Mai um 2 Uhr morgens erreicht habe, immer dieses leichte, eigenartige Erschauern des Körpers bleiben, das mich befiel, als ich, endlich zur Ruhe gekommen, wußte, daß mein Abenteuer sein Ende gefunden hatte.

Noch einmal verkünde ich dem Schlitten, dem Zelt und dem Kocher und natürlich allen anderen, daß wir am Ziel sind. Nach wie vor herrscht nicht die große Ekstase. Ich muß mich sehr konzentrieren, bin so erschöpft. Ich baue das Lager auf wie ein Automat, schwanke dabei ohne Unterlaß. Mehrmals falle ich in den Schnee, als ich die Funkantenne aufstelle. Seit wann bin ich nun eigentlich schon auf den Beinen?

Mindestens 32 Stunden hintereinander. . . vielleicht sogar noch länger!

Gedanken an den Japaner Naomi Uemura, der hier am 29. April 1978 mit seinem von Hunden gezogenen Schlitten angekommen ist, gehen mir durch den Kopf. Er war der erste Mensch, der alleine den Nordpol erreicht hat. Leider ist er im Frühling 1984 während der Besteigung des Mount McKinley in Alaska verschwunden.

Ich sterbe vor Hunger und Müdigkeit. Ich werfe den Kocher an und bereite eine ganze Tagesration zu, die ich auf einen Schlag verschlinge! Es bleiben mir noch drei Tagesrationen an Nahrungsmitteln und genügend Benzin als Reserve. Es schneit weiter, und die Sicht wird immer schlechter.

Gegen drei Uhr morgens ist die Nacht nicht mehr erhaben und verzaubert. Ich bin von einer außergewöhnlich dichten Nebeldecke eingehüllt. Vom Nordpol bleibt nichts übrig als ein eng begrenztes, kaum sichtbares Gebiet, wenige Schritte vor meinen Füßen, und die Stille ist furchterregend.

Ist das die Fortsetzung des Märchens? Verbirgt sich die Zitadelle, nachdem sie sich einen Augenblick lang entschleiert hat, nun für immer hinter ihrer Nebelwand? Ist das der Beginn eines neuen Alptraums?

Ein dumpfes Geräusch. Ein Gefühl von allumfassendem Lärm. Er klingt seltsam stumpf, schwillt an. Es ist nicht der Wind, nichts rührt sich. Großer Gott, was geht da vor sich, jenseits des Nebels? Ein Flugzeug! Es ist ein Flugzeug. Trotz des verzerrten Klangs erkenne ich dieses entfernte Grollen. Es muß ein großes Flugzeug sein, ein sehr großes sogar. Bestimmt ein Linienflugzeug, das genau über den Pol hinwegfliegt!

In meinem Kopf meldet eine Stimme: „Du bist am Pol! Du bist am Pol! Hör doch das Flugzeug, hör hin!" Ich müßte eigentlich vor Freude explodieren, aber es berührt mich kaum, ich bin innerlich ganz unbeteiligt. Hatte ich dieses Signal, diese vom Himmel kommende Bestätigung nötig, um mich von dem zu überzeugen, was mein Körper und mein Instinkt mir schon lange vorher verkündet hatten? Nein! Das Abenteuer ist zu Ende. Das hier ist nur noch ein Augenzwinkern, es ist nebensächlich, nach meiner inneren Gewißheit nur zweitrangig.

Um vier Uhr morgens kommt eine Funkverbindung mit Resolute zustande. Michel gibt mir seine letzte verfügbare Positionsangabe durch, die nach den Computerdaten von Mitternacht berechnet ist, als ich noch beim Überqueren der berühmten Zugbrücke war und damit in den Zauberkreis eintrat: 87 Grad 57' nördliche Breite. Ich bin also jetzt am Nordpol, denn inzwischen bin ich noch zwei weitere Stunden marschiert, und damit habe ich die drei Meilen, die mich von 90 Grad trennten, zurückgelegt. Als Michel das erfährt, höre ich ihn vor Freude aufheulen: „Er ist am Pol, er ist am Pol!", und ich übertöne ihn noch im Gleichklang: „Ich bin am Nordpol!" Endlich überschwemmt mich ein wahrer Gefühlssturm. Ich weine und kann gar nicht mehr aufhören. Meine Gedanken wandern zu all denen, die mich lieben und mich während der ganzen Zeit unterstützt haben, denn alleine hätte ich diese ungeheuer harte Prüfung niemals durchstehen können.

Über den anfälligen Kanal der Funkwellen habe ich mit einem Schlag wieder Verbindung mit der Menschheit aufgenommen. Die Stimmen der Menschen lassen das Gefühl, daß das Abenteuer nun vorüber ist, in meinem Körper und in meinem Herzen wie einen Freudenwirbel immer wieder explodieren. Zum allerersten Mal seit 63 Tagen sind nicht

Schmerz und Angst in mir. Doch Glück will ich dieses Gefühl nicht nennen, denn Glück kann für einen Abenteurer nur eine Falle sein.

Um acht Uhr morgens war meine letzte Position 89 Grad 59′ 993″. Ich habe also auf dem Pol geschlafen! Das Wetter ist immer noch schlecht, der Wind bläst aus Süden (wohlgemerkt jetzt, wo ich am Nordpol bin!), Schnee und Nebel wechseln sich den ganzen Tag über ab. Die Sichtweite ist weiterhin gleich Null. Unmöglich, eine Landepiste ausfindig zu machen. In Resolute steht das Flugzeug startfertig, aber die Wetterbedingungen hier erlauben sein Kommen nicht. Dennoch bleibe ich ruhig.

Ich habe noch Nahrungsvorräte für drei Tage und jede Menge Geduld im Gepäck. Der Wetterbericht kündigt eine Besserung zum Abend an, aber als es Nacht wird, schneit es immer noch. Im Basislager gehen ohne Unterlaß Glückwünsche ein. Die Worte von Jean-François Coste, mit dem ich auf dem Segelschiff von Tabarly um die Welt gesegelt bin und mit dem ich unzählige Expeditionen unternommen habe, freuen mich am meisten. Kurz und großartig: „Dort, wo man ans Ziel seines Lebens kommt, gibt es keine Nacht."

Montag, der 12. Mai. Einen Tag lang habe ich im Zelt darauf gewartet, daß die Sonne herauskommt. Heute ist schon der sechste Tag, an dem der Wind schlechtes Wetter bringt. Bewegungsunfähig wie ich bin, erhole ich mich von den Strapazen und denke über die Zukunft nach. Aber ewig sollte das nicht mehr so gehen, denn ich habe nur noch drei Tagesrationen an Nahrung und zwei Liter Benzin – und außerdem würde ich jetzt gerne endlich nach Hause fahren. Ich kann mir vorstellen, was für einen Wirbel mein Hauptsponsor veranstaltet, der mit der Presse neben sich vor Ungeduld platzen muß. Seine ganze Medienplanung wird nun durch den Schnee und den Nebel durcheinandergebracht, er wird sich ganz schön aufregen!

Ich bin heute morgen um das Lager herummarschiert, aber meine Muskeln versagen den Dienst. Wenn ich auf die Sonne gewartet hätte, um weiterzugehen, dann wäre ich niemals angekommen. Den Göttern sei Dank, daß sie mich veranlaßt haben, nachts aufzubrechen, wodurch ich es schließlich geschafft habe. Seit meiner Ankunft am Pol bin ich wieder um drei Meilen abgedriftet, ich befinde mich jetzt bei 89 Grad 57' nördlicher Breite und 90 Grad westlicher Länge. Fünf Tage lang bin ich tatsächlich auf einem Rollband in verkehrter Richtung marschiert, wodurch sich mein sehr langsames Vorankommen erklärt.

20 Uhr: Das Wetter hat sich festgesetzt, und zwar im schlechten Sinne. Es gibt Momente, in denen die beängstigende Vorstellung von mir Besitz ergreift, daß es nie wieder schön werden wird. Ich habe begonnen, mich einzuschränken: Es gibt ein halbes Päckchen Nahrungsmittel täglich, kein kochendes, sondern nur warmes Wasser. Die Disziplin meiner Gedanken erschöpft sich etwas, und Langeweile und Unruhe ergreifen Besitz von mir. Ganz eindeutig wird mir nichts geschenkt, es bleibt hart bis zum Ende.

Das ist wirklich die längste Schlechtwetterperiode, die ich je erlebt habe. Also wird auch die letzte Landung des Flugzeugs zum Problem. Ich hatte keine Gelegenheit, eine Landebahn zu suchen, aber mir scheint, daß die Ebene, auf der ich mich befinde, nicht so schlecht ist. Ich muß warten, bis es aufklart, um die Situation besser einschätzen zu können. Ich verbrauche mich langsam. Ich habe Lust, in den Arm genommen zu werden, mich gehenzulassen, nicht mehr Herr der Lage sein zu müssen, nicht mehr nachzudenken, zu kontrollieren und vorherzusehen, endlich verschnaufen zu können und meine Ruhe zu haben.

Michel versichert mir pausenlos über Funk, daß es schon in wenigen Stunden eine Wetterbesserung geben soll, da eine Kaltfront aus Sibirien herankommt. Seit vier Tagen erzählt ihm der junge Meteorologe aus Resolute dasselbe. Man fordert mich auf, die Temperatur zu überwachen! Wie alle Welt weiß auch ich, daß es kälter wird, wenn der Himmel aufklart. Michel erzählt mir, daß es gut ist, wenn es schneit, denn der Schnee reinigt den Himmel. Ich hoffe, daß der auf andere Art frei wird, denn wenn er sich flockenweise leert, dann wird es bei dieser dicken Schicht über mir 100 Jahre dauern. Der Wind zerrt seit sechs Tagen an mir, man könnte meinen, daß er mit meinen Nerven sein Spiel treibt, daß er das mit Absicht macht, als ob er mir zu verstehen geben wolle, daß dies hier sein Reich ist. Ich persönlich glaube, daß es besser wird, wenn die Windrichtung wechselt. Das könnte dann den Himmel reinigen. . . Um 15 Uhr öffne ich die erste der drei letzten Flaschen Benzin.

Jetzt habe ich mich praktisch auf eine Überwinterung eingerichtet, ich verlasse meinen Schlafsack nur noch, um meine natürlichen Bedürfnisse zu befriedigen. Und ich brauche mich nicht sehr häufig zu bewegen, denn ich esse sehr wenig.

Michel sagt mir über Funk: „Sei vorsichtig, es stehen uns bestimmt acht Tage schlechtes Wetter bevor."

Zu diesem Zeitpunkt habe ich noch zwei normale Tagesrationen. Ich stelle Berechnungen an, wobei ich vom Schlimmsten ausgehe, ich rechne mit einer Wartezeit von zehn Tagen. Ich dürfte also alle 16 Stunden ein halbes Päckchen essen; und dabei sterbe ich jetzt schon vor Hunger!

Am 12. Mai verlasse ich das Zelt kurz, um einige Fotos zu machen, auf denen zu sehen ist, wie ich den Schlitten durch das Chaos ziehe. Ich bin noch einigermaßen in Form. Ich gehe nicht sehr weit, und ich muß mich nicht sehr anstrengen, denn der Schlitten ist praktisch leer. Jedenfalls ist das mal eine Ablenkung. Aber am Abend, als ich wie eine Mumie im Zelt liege, tun mir der Rücken und alle Muskeln weh. Die Unterhaltungen mit Resolute bestehen aus langen Aufzählungen von Leuten, die angerufen haben, um mich zu beglückwünschen und... mir Mut zu machen, unterbrochen von abscheulichen Wetterberichten.

Ich habe keine allzu enge Beziehung mehr zum Pol. Ich warte nur darauf, daß man mich abholen kommt, denn ich möchte nur noch, daß sich jemand um mich kümmert. Mein Sieg über den Pol verleiht mir trotz alledem noch einige Kräfte, aber vor allem fühle ich mich in einer Übergangssituation, als hätte ich erst dann das Recht, glücklich zu sein, wenn ich das Flugzeug bestiegen habe. Es ist hart, mein Körper ist schließlich daran gewöhnt, täglich 4200 Kalorien zu sich zu nehmen: er fordert etwas, er fordert ohne Unterlaß.

Die Situation ist etwa vergleichbar mit der eines starken Rauchers, der sich plötzlich auf zwei Zigaretten täglich beschränken muß. Ich frage mich: „Ist es besser, mich mit kleinen regelmäßigen Häppchen zufriedenzustellen, oder soll ich mir das Vergnügen gönnen, alle 16 Stunden ein halbes Päckchen mit viel Wasser zu essen?"

Wie lange wird das wohl dauern? Am Nordpol gibt es angesichts mangelnder Bevölkerungsdichte keine Wetterstatistik. Sogar in Patagonien zum Beispiel weiß man, was einen erwartet. Dort unten saß ich mit Jean-Marie Boivin und Bernard Prud'homme fest, als wir den Hielo Continental, diesen riesigen Gletscher, der sich vom Pazifik bis zur Andenkette erstreckt, überqueren wollten. Das hatte sich drei

Tage lang hingezogen, wir wußten aber, daß wir schlimmstenfalls mit fünfzehn Tagen Rast rechnen müßten. Und hier? Keinerlei Anhaltspunkt, der Pol bleibt Herr über das Geheimnis und über die Geduld.

Dienstag, 13. Mai, 3 Uhr morgens. Immer noch dieses Nebelwetter, das den Pol wie für die Ewigkeit erstarren läßt. Auf der gespannten Zeltplane ertönt immer noch das Ticktack der Eiskristalle, das mir anzeigt, daß nicht einmal der Versuch, das Zelt zu verlassen, der Mühe wert ist. Ich drifte nach Südwesten ab, auf 89 Grad 55' nördlicher Breite und 95 Grad westlicher Länge. Bis jetzt gab es oft Verbindungen mit dem Basislager, alle drei oder vier Stunden. Sie haben mir viel erzählt, aber ich habe nur einsilbig geantwortet, um meine Batterien zu schonen – denn beim Funkempfang nämlich ist der Verbrauch gering, ganz im Gegensatz zum Senden.

Aus heiterem Himmel ergreift Michel eine ziemlich extreme Initiative, er kündigt mir an: „Papy, wir stellen ab sofort jede Funkverbindung ein!" Er möchte, daß ich die gesamte Energie meiner Batterien aufhebe, um das Flugzeug dirigieren zu können, wenn es auf mich zukommt. Diese Vorstellung ist unerträglich.

Ich antworte: „Nein, kommt nicht in Frage, ich will unbedingt mindestens zweimal täglich mit euch sprechen. Wenn das Wetter nicht besser wird, muß ich wenigstens mit jemandem reden, muß ich sagen können, was los ist!" Er versteht das und gibt nach.

Überlebensplan, gestern erstellt, gültig für zehn Tage: ein halbes Päckchen Müsli oder Grieß oder ein warmes Gericht alle 16 Stunden, mit einem halben Liter Wasser. Zwischen den Mahlzeiten eine Viertelration Suppe. Sechs Ecken Schokolade und eine halbe Mandelpaste täglich, plus einen Viertelliter Zuckerwasser zweimal in 24 Stunden. Ich verlasse

196

den Schlafsack nicht mehr, ich rühre mich überhaupt nicht mehr, versuche mich in einen Zustand vollständiger Entspannung zu versetzen, Muskel für Muskel, und an nichts, nichts, nichts mehr zu denken!

Dieser Plan einer Rationierung auf 1000 Kalorien täglich erweist sich als unhaltbar, ich werde dabei zur Abart eines Maulwurfs, der langsam vor Hunger stirbt. An diesem Morgen verkürze ich die Frist auf acht Tage, ich verschlinge etwas mehr Nahrung, aber ich tauche deswegen auch nicht aus diesem halb bewußtlosen Zustand auf. Mein Kopf ist furchtbar schwer. Im besten Falle betrachte ich das Zeltdach und zähle dabei die kleinen Stoffquadrate zwischen den Nähten... Stunde um Stunde vergeht, ich falle immer tiefer, immer tiefer, immer tiefer...

„Mir reicht's, mir reicht's wirklich! Holt mich endlich ab! Ich wiederhole: Holt mich ab! Habt ihr schon überlegt, die kanadische Armee zu Hilfe zu ziehen? Ich wiederhole: Die kanadische Armee, habt ihr sie in Betracht gezogen?" Diesen Hilferuf sende ich bei meinem letzten Funkkontakt am Dienstag, den 13. Mai. Ich habe keine Reserven mehr, nichts mehr zum Kämpfen, ich fühle mich wie am Ende eines Hungerstreiks, ich habe keine Muskeln mehr, ich bin nur noch ein abgemagertes Skelett, das nicht mehr kann. Ich habe Angst, schreckliche Angst, zusammenzubrechen.

In Resolute wird allen beim Klang meiner Stimme klar, daß meine Situation sehr kritisch ist, vor allem Bezal, der mich gut kennt und über eine reiche Erfahrung bezüglich menschlicher Reaktionsweisen im Packeis verfügt. Er schleudert – so berichtet man mir später – meiner Mannschaft, die zum Kriegsrat versammelt ist, entgegen: „Da gibt es nichts mehr zu diskutieren, wir müssen aufbrechen, er steht kurz vor dem Zusammenbruch!" Besonders berührt hat ihn meine Aufforderung, die kanadische Armee einzuschalten.

Alle malen sich nun in einem Katastrophenszenario aus, wie Fallschirmspringer über dem Pol abgesetzt werden. Sie rufen Diane in Montreal an, um zu fragen, ob das denkbar wäre. Tatsächlich gibt es die berühmten „Buffalos", die bei jedem Wetter springen, um von der Außenwelt abgeschnittenen Menschen zu Hilfe zu kommen, insbesondere bei Schneestürmen. Diane schlägt vor, Kontakt mit ihnen aufzunehmen und mit ihnen zu überlegen, was man tun könne.

Aber zunächst einmal haben die Mitglieder meiner Mannschaft beschlossen, selbst mit dem Problem fertig zu werden, indem sie trotz allem einen Start mit dem Flugzeug versuchen. Von Resolute aus beträgt die Flugzeit mit dem zweimotorigen Flugzeug zum Pol zwölf Stunden hin und zurück, das bedeutet einen sehr hohen Benzinverbrauch. Man kann zwei Zwischenlandungen machen, je nach vorherrschender Windrichtung. Auf der vorgeschobenen Wetterstation von Eureka oder auf dem gefrorenen See von Hazen, einer Ebene aus gefrorenem Wasser nahe der ultrageheimen Militärbasis von Alert, nicht sehr weit entfernt von Ward Hunt Island, meinem Ausgangspunkt. Dort gibt es auch Benzinvorräte.

Von da aus beginnt der große Sprung – acht Stunden nonstop – bis zum Pol. Sie werden die Tanks also bis oben hin mit Benzin vollmachen und auf mich zukommen. Um mich im Nebel auszumachen, beabsichtigen sie, im Tiefflug zu fliegen und meine Funkwellen aufzufangen, damit ich sie dirigiere. „Ihr seid diesmal ein bißchen näher herangekommen, fliegt noch mal links an, kommt zurück. . ."

Sobald sie mich entdeckt haben, werden sie die drei Säcke fallen lassen, in denen sich jeweils Nahrungsvorräte für 20 Tage befinden sowie Literatur und ein Walkman, alles eben, was ich brauche, um durchzuhalten. Ihren Berechnungen zufolge haben sie genug Benzin, um das Gebiet, in dem ich mich befinde, zweieinhalb Stunden lang überfliegen zu können. Im Prinzip müßte ich im Verlauf dieser Zeit zumindest einen der drei Säcke holen können.

Michel Franco hat die Sache in die Hand genommen, und das tadellos. Er sieht sich dem massiven Druck all derer ausgesetzt, die auch in das Rettungsflugzeug einsteigen wollen. Außer für den Piloten und den Kopiloten gibt es noch drei Sitzplätze – und nicht mehr. Wohl wissend, daß sie mir als alte Expeditionskameraden am nächsten stehen, nimmt er Laurent Chevalier und Bernard Prud'homme mit. Allen anderen, die darauf bestehen, mitzukommen, sagt Michel ganz klar: „Entweder ein Typ oder ein Benzinkanister! Ein angezogener Mann, das heißt 70 oder 80 Kilo, also ungefähr soviel wie ein Kanister mit 100 Litern und ebensoviel Zeit zum Überfliegen, die für Papy verloren ist. Kommt nicht in Frage!" Auch Eric Préau, der das Fluzeug bei der Zwischenlandung in Eureka erwartet, wird zutiefst enttäuscht sein, denn er kann nicht an der Reise teilnehmen.

Um neun Uhr abends fragt mich Michel über Funk: „Hast du eine Landebahn gefunden, für den Fall, daß das Wetter sich bessert?"

Ich habe eine, die gar nicht existiert! Ich will ihn in seinem Entschluß, zu kommen, bestärken.

„Ist sie gut?"

„Kein Problem. Sie ist 500 Meter lang und 200 Meter breit, sie ist sehr eben, mach dir keine Sorgen!" Später hat er zu mir gesagt: „Als du mir das erzählt hast, wurde mir klar, daß nicht viel zu erwarten war!"

Gegen 22 Uhr hat sich die Wetterlage auf dem Packeis gebessert und meine Stimmung ebenso. Ich nehme meine letzten Kräfte zusammen, mache mir selbst Vorhaltungen: „Na schön, wenn du diese Landepiste schon so gut verkauft hast, dann mußt du sie jetzt auch finden!" Auf der Suche danach wird die letzte Nacht der Eroberung des Pols noch einmal ein wenig lebendig. Wieder steht mir eine zaghafte Sonne gegenüber, es schneit noch, die in der Luft schwebenden Eiskristalle spiegeln sich endlos wider; alles ist, als ob ich das Packeis mit einem Zauberstab berührt und beschworen hätte: „Ihr habt mir schon den Nordpol gegeben, gebt mir nun ein flaches und freies Gelände!"

Ich bin erschöpft, vielleicht sogar im Delirium, als sich plötzlich um Mitternacht das perfekte Gelände vor meinen Augen erstreckt, daß ich es erst für eine Halluzination halte. Ich durchquere es zehnmal hintereinander, um es auszumessen, und trotzdem gelingt es mir nicht, mich von der Tatsache seiner Existenz zu überzeugen.

Kurze Zeit später breche ich wieder auf, um den Schlitten und die Ausrüstung zu holen, zweimal ein Hin- und Rückweg von jeweils zwei Stunden Dauer, den ich nur dank meiner körperlichen Anpassung, die sich in den 63 Tagen meiner Expedition herausgebildet hat, durchstehe. Es ist fünf Uhr morgens, als ich versuche, mit Resolute in Funkverbindung zu kommen. Ich fange die Mannschaft von Eureka auf, sie bilden eine Relaisstation mit dem Basislager, und endlich erreiche ich Michel.

Er fordert mich zweimal auf zu bestätigen, daß am Pol schönes Wetter ist. Er glaubt mir nur zur Hälfte – die Wetterlage in Resolute ist schlecht –, dann höre ich ihn endlich antworten: „Einverstanden, wir werden starten. Wir sind sicher gegen sechs oder sieben Uhr heute abend über dir!" Gütiger Himmel, wenn nur das Wetter bis dahin so bleibt!

Mittwoch, den 14. Mai. Diesen unvergeßlichen Tag des Wartens verbringe ich in einem Zustand höchster Erregung. Andauernd verlasse ich das Zelt, um nachzusehen, ob der Himmel sich nicht wieder bedeckt. Ich stecke die Piste soweit wie möglich ab, ich versuche sogar, ein Dutzend Erhebungen mit meiner Schaufel zu planieren, aber gegen Mittag erfaßt mich ein Schwindel, der stärker ist als üblich. Ich schlage mit dem Kopf auf die Skier, und in diesem Moment wird mir klar, daß es aus ist, daß mein Körper im Unterzucker sein muß, ich muß um jeden Preis etwas essen.

Bis zu diesem Zeitpunkt habe ich meinen Rationierungsplan beibehalten, aber da das Wetter immer noch gut ist, fange ich langsam an zu glauben, daß das Flugzeug wirklich landen kann, und ich verschlinge ein ganzes Päckchen. Was für ein Geschmack! Hoffnung und die frische Energie verzehnfachen meine Kräfte. Ich fahre damit fort, die Buckel auf der Piste mit der Schaufel zu ebnen.

Als das Flugzeug zum Auftanken in Eureka landet, habe ich Funkkontakt mit der Mannschaft. „Ich habe die Piste geplättet", sage ich, „aber sie ist trotzdem noch ein wenig uneben!" Ich weiß, wie sehr das Flugzeug beladen ist; daß ich den Piloten gewarnt habe, erleichtert mein Gewissen.

Am frühen Nachmittag gehe ich los, um mich zu beschäftigen. Ich mache Fotos vom Pol, ich fotografiere die kleine Schreckschußpistole, dann den Schlitten, den ich mit ausgestreckten Armen hochhalte, um seine Leichtigkeit zu demonstrieren. Wegen nichts und wieder nichts verlasse ich das Zelt, um die Lage am Himmel zu überprüfen. Ich sage mir ohne Unterlaß: „Wenn es nur so bleibt! Guter Gott, wenn es nur so bleibt. . ." Und ich warte.

Um 16 Uhr verlagere ich mein Zelt, direkt gegenüber der Tür war ein Loch im Eis, und ich befürchtete, daß es dem

Piloten Angst einjagen könnte. Ich stelle das Zelt genau in der Verlängerungsachse der Piste auf, der Schlitten ist am anderen Ende und kennzeichnet ihren Beginn – gemäß meinem zur Gewohnheit gewordenen Signalsystem. Von Zeit zu Zeit habe ich Funkkontakt mit dem Flugzeug.

Michel: „Wir stecken völlig im Nebel, wir werden übel durchgeschüttelt, man sieht gar nichts, wir fliegen nach Instrumenten. Bestätigst du, daß da unten immer noch schönes Wetter ist?" – „Ich schwöre dir, daß es schön ist. Ich wiederhole: Ich bestätige, daß es schön ist! Ich wiederhole: Es ist sehr schönes Wetter hier. Macht euch keine Sorgen, ihr müßt bald in eine Schönwetterzone kommen."

Tatsächlich läßt die Nebelsuppe sie erst am 88sten Breitengrad frei! Sie richten sich nach meiner angegebenen Position, die von Resolute gesendet wird, wo der Berichterstatter von AFP Michel Franco abgelöst hat und den Terminal abfragt, der an die Computer in Frankreich angeschlossen ist. Er informiert regelmäßig das Flugzeug, wenn neue Daten auf dem Bildschirm erscheinen. Diese Informationen sind lebenswichtig, denn ich treibe immer mehr ab.

Ich warte noch immer. Die Stunden vergehen. Es sind die langsamsten, die unerträglichsten. Plötzlich knistert es im Funkgerät. „In zehn Minuten befinden wir uns über dir!" Das war die Stimme von Joe, dem Piloten. Ein einziger Gedanke beherrscht mich von da an: Jetzt ist es sicher, daß sie kommen. Ich werde etwas essen!

Ich stürze mich auf den Kocher und koche einen Lachs auf Holzkohle, dessen Geschmack an den kulinarischen Himmel heranreicht. Ich bin im Paradies. Ich habe diese göttliche Mahlzeit kaum verschlungen, da stürze ich schon wieder ins Freie. Ich habe das Flugzeug gehört, ich bin mir sicher. Laß es, das wird bestimmt nichts anderes sein als der fünfzigste Fehlalarm. Sir Ranulph Fiennes hatte mir ja gesagt: „Sie werden sehen, auf dem Packeis gibt es nichts als Flugzeuge!"

Genauso ist es. Vor allem, wenn man auf eines wartet. Man hört dann Dutzende und Aberdutzende, man kann nicht mehr zwischen einem Motor und einer Sturmbö unterscheiden, schon die bloße Andeutung eines Geräusches, wenn der Wind auf einen Eisblock trifft, genügt, um Hoffnungen zu wecken!

Aber nein! Plötzlich werde ich gewahr, daß der Lärm stärker wird. Diesmal stimmt's! Ich schreie ins Mikrofon: „Ich höre euch! Ich höre euch!" Plötzlich erkenne ich die schlanke Silhouette des Flugzeugs sehr hoch am Himmel, sehr hoch über mir. „Ihr seid über mir, über der Piste, aber sehr, sehr weit oben, ihr überfliegt mich, Leute, aber ihr seid sehr hoch!"

In diesem Moment, als Joe – für den das die erste wilde Landung am Nordpol ist – mich über Kopfhörer sagen hört: „Ihr seid sehr hoch über mir", drückt er den Steuerknüppel bis zum Anschlag durch und fällt wie ein Raubvogel in einem spektakulären Sturzflug vom Himmel herab – Laurent Chevaliers Kopf wird eine Woche brauchen, um sich davon zu erholen. Er bleibt dann auf der ersten Höhenstufe, und ich beginne, ihn zu dirigieren: „Etwas mehr nach Osten. . . ein bißchen weiter nach Westen. . ."

„Okay, jetzt haben wir dich gesehen", sagt Michel. Auf einmal stürzt der Pilot wieder mit durchgedrücktem Steuerknüppel herab, in einem wirklich sehr steilen Trudeln fällt das Flugzeug buchstäblich auf mich zu. Ich bin so klein in der weißen Unendlichkeit, sie haben Angst, mich wieder aus den Augen zu verlieren. An Bord haben Michel und Bernard das Gefühl, daß ihnen der Kopf platzt. Im letzten Moment wird das Flugzeug wieder hochgezogen, dröhnt über die Piste hinweg.

Michel sagt: „Okay, er probiert's." Das ist ein großartiger, ergreifender Moment für mich, und ich lasse mir zwei- oder dreimal wiederholen, daß er einverstanden ist. Michel ruft mir zu: „Ja, ja, mach dir keine Sorgen, er ist einverstanden, wir werden landen." Ich bin überglücklich. Das Flugzeug beschreibt eine letzte Drehung, nähert sich mir in der Achse der Piste und vollführt eine erste Berührung – ein *touch and go* –, bei der die Kufen der Maschine eine Landung simulieren, um das Gelände zu testen. Dann kommt es wieder zurück und wirft eine Kamera ab, damit ich die endgültige Ankunft filmen kann.

Als das Flugzeug gegenüber meinem Zelt mit einem gewaltigen Aufbrüllen der beiden Motoren, deren Propeller durch den Rückstoß einen wahrhaften Schneesturm aufwirbeln, zum Stillstand kommt, befindet sich seine Schnauze auf der Höhe meiner Nase. Heiliger Strohsack, das war knapp! Das Flugzeug ist dermaßen mit Treibstoff beladen, daß sogar meine lange, schöne Piste fast zu kurz gewesen wäre. Noch einen Meter fünfzig mehr, und der Pilot hätte sich in meinem Schlafsack wiedergefunden!

An Bord haben Laurent Chevalier und Bernard Prud'homme kurz vorm Ausstieg Michel in die hinterste Ecke der Pilotenkabine gelotst – wegen eines schwerwiegenden Regieproblems. Bei den vorhergehenden Nachschubflügen hatte er es jedesmal geschafft, sich als erster durchzuschlängeln. Mit dem Ergebnis, daß sie immer zu spät kamen, um unser Wiedersehen auf Film zu bannen. Später würde es schwierig sein, bewegende Wiedersehensszenen dieser Art nachzustellen! Also hatten sie Michel hinten eingesperrt, um von seiner Seite Ruhe zu haben!

Daher verläßt das Filmteam als erstes das Flugzeug, allen voran der Regisseur Laurent Chevalier, mit den Augen

Am Nordpol in Siegerpose

schon am Objektiv hängend, dann Bernard Prud'homme mit dem über der linken Schulter hängenden Tonband für die Tonaufnahmen zum Film, auf der Brust Fotoapparate und auf der rechten Schulter die riesige Kamera von Antenne 2, die vor lauter Ummantelung mit Kälteschutzschaum ungeheure Ausmaße angenommen hat. Nur Bernard kann all das locker tragen, denn er ist ein Koloß von zwei Metern Länge.

Da taucht hinter ihnen eine menschliche Bombe auf, und Michel und ich fallen uns in die Arme, es ist wunderbar. Laurent und Bernard filmen wortlos, sie sind so diskret, daß ich die Anwesenheit der Kameras praktisch vergesse.

Michel hat mir die französische Flagge mitgebracht. Er sagt: „Sollen wir sie am Pol aufstellen?" und zeigt auf die Stelle, wo ich stehe.

„Ja, aber der Nordpol ist nicht hier, er ist da hinten!" Innerlich breche ich vor Lachen zusammen, während ich Michel mitziehe, der seinen Augen nicht traut. Ich gehe zwei oder drei Meter und stecke dann die Fahnenstange – völlig aufs Geratewohl – mit einem so ernsten, so sicheren Gesichtsausdruck in den Boden, daß er davon überzeugt ist, daß ich über einen sechsten Sinn verfüge, um den Nordpol zu bestimmen.

„Das wär's", sage ich, „und nun kann ich in einigen Sekunden um die Erde herumlaufen." Mit einer Hand halte ich die Stange der flatternden französischen Flagge und gehe zweimal um sie herum. „Und zwei weitere Weltumdrehungen, auf der Stelle!" Ich drehe mich um meine Achse, aber diesmal in der Gegenrichtung. „Und ein drittes Mal um die Welt. . . verkehrt herum, in drei Sekunden! Das soll mal einer nachmachen!"

Ich bin ausgelassen wie ein kleines Kind. Die unglaubliche Anspannung wird dank der Lachanfälle, die mich schütteln, aus meinem Kopf und aus meinem Körper getrieben. Ich fühle mich plötzlich von einer ungeheuren Last befreit, während das Gelächter der Zuschauer noch wie ein ganz seltsames Geräusch in meinen Ohren klingt. In großer Eile wird eine Flasche Champagner entkorkt, der Pilot und der Kopilot gesellen sich zur Feier dazu. Ah, die Wirkung des Champagners nach über zwei Monaten Abstinenz ist umwerfend! Ich habe sogar etwas Probleme, mein Gleichgewicht zu halten, während das Erinnerungsfoto unserer kleinen Gruppe geschossen wird.

Joe, unser Pilot, ist seit einigen Minuten verschwunden. Nun kommt er schnell zurück und erklärt uns, daß er eine Startbahn ausfindig machen wollte. Eine heikle Wahl, denn zum Aufbruch braucht er sehr, sehr viel Platz – auch diesmal wieder wegen des hohen Überschusses an Treibstoff. Der Kopilot hat soeben wieder aufgetankt. Joe drängt zum Aufbruch.

„Nein, nicht jetzt schon!" sage ich. „Es ist gerade erst eine halbe Stunde her, daß das Flugzeug gelandet ist! Was für eine Enttäuschung!"

Ach, die Zeit. Nachdem sie mich durch ihre endlose Länge verrückt gemacht hat, kommt es nun soweit, daß sie mir fehlt! Ich hätte Lust gehabt, am Nordpol ein bequemes Zelt aufzubauen, um darin mit Freunden Tee zu trinken. Ich dachte, wir würden noch eine Weile bleiben können. Ich hatte sogar eine Besichtigungstour vorbereitet, nachdem ich herrliche Eisblöcke und wunderschöne Eisformationen erspäht hatte.

Ich hätte diesen unmittelbaren Zeugen zu gern erklärt, was für ein Leben ich hier wochenlang geführt habe, in der Hoffnung, sie könnten dann das Ausmaß der Schwierigkeiten, denen ich ausgesetzt war, ermessen. Verlorene Liebesmüh! Joe hat es zu eilig, wahrscheinlich wegen der Unsicherheit des Wetters oder wegen anderer Probleme, wir haben es nie erfahren.

Am Fuß der Pilotenkabine unterhalb des Einstiegs befindet sich eine kleine Trittleiter mit drei Stufen, die den Einstieg ins Flugzeug erleichtert. Ach, diese Trittleiter! Bei jedem Versorgungsflug graute mir vor diesen Stufen. Jedesmal, wenn ich hochkletterte, um mich im Inneren des Flugzeugs umzuziehen, wußte ich, daß ich danach, früher oder später, diese drei Stufen wieder hinabsteigen mußte, um mich von neuem dem Schrecken des Packeises auszusetzen und meinen endlosen Vormarsch mitten in diesem ewig weißen Alptraum fortzusetzen.

Heute aber muß ich sie nicht wieder hinabsteigen. Es gibt kein Umkehren mehr, alles ist vorbei. Mein Herz klopft, als ich den Fuß auf die erste Stufe setze. Da beuge ich mich hinunter, um ein bißchen von diesem Eis, das ich so plötzlich verlasse, aufzuheben; plötzlich möchte ich es essen, hineinbeißen – damit ich es nie wieder vergesse. Es macht meine nackten Finger kalt, macht meinen Gaumen taub, es ist wie ein Biß, der mir in der hintersten Kehle den Atem benimmt, ein letztes Wüten des Nordpols, dessen Eisgeschmack in meinen Körper eindringt.

Dann klettere ich, ohne mich noch einmal umzudrehen, die beiden letzten Stufen hinauf. Es ist vorüber, Papy, es ist vorüber! Als ich in der Stille der Pilotenkanzel sitze, erfüllt mich ein großes Glücksgefühl. Endlich! Ich bin zufrieden, zufrieden, zufrieden. . . Endlich!

Nach einer endlos scheinenden Spazierfahrt mit gedrosselten Motoren wählt Joe seinen Startpunkt, läßt die Maschine auf vollen Touren laufen, und dann reißen wir uns schwerfällig vom Packeis los. Ich stürze ans Bullauge, um noch einmal die unermeßliche Weite des Labyrinths zu sehen. Von oben wird mir wirklich bewußt, daß es Zeit war, wegzukommen. Die ganze Oberfläche um den Pol herum liegt in Trümmern, ist aufgewühlt, zerrissen. Dennoch wirkt das Relief vom Flugzeug aus gesehen täuschend flach. Ich verstehe, warum Michel solche Probleme hatte, die wahre Natur der Hindernisse, auf die ich gestoßen bin, einzuschätzen, und ich bin ihm nicht mehr böse.

Meine drei Freunde nehmen mich in die Mitte und stellen mir Fragen über Fragen, die ich mit peinlicher Genauigkeit beantworte, ohne die Wahrheit über meine Ängste, meine Demütigungen zu beschönigen. Ich kann ihnen alles anvertrauen, mich ohne Scham gehenlassen, ohne die schreckliche Einsamkeit fürchten zu müssen, die mich früher nach den Treffen erwartete.

Ich habe mich noch immer nicht umgezogen, obwohl direkt in meiner Reichweite trockene Dinge für mich bereitliegen, denn ich will in Resolute Bay so aussteigen, wie ich dort aufgebrochen bin, mit denselben Schuhen, derselben Kleidung, derselben Mütze.

Was aber ist mit dem Menschen, der sich unter der Rüstung des Nordpoleroberers verbirgt? Jede Drehung der Propeller bringt ihn der Menschheit ein wenig näher, und er fragt sich manchmal, was er in den Augen der anderen lesen wird, wenn seine Blicke die ihrigen kreuzen.

Doch schließlich, was spielt das alles im Grunde für eine Rolle? Er fühlt sich so unendlich frei, so wunderbar frei...

Reisetips

Kältegewöhnung und körperliche Vorbereitung

Selbstverständlich kann man nicht untrainiert auf eine solche Expedition gehen – einen 50 Kilo schweren Schlitten fast 1000 Kilometer über ein schwieriges Gelände zu ziehen erfordert beste Kondition. Ich habe schon immer viel Sport getrieben: Fahrradfahren, Fußball, später dann auch Rugby. Nach dem Medizinstudium entdeckte ich meine Liebe zum Bergsteigen; seitdem habe ich mich immer viel im Gebirge und an den Felswänden herumgetrieben.

Ich habe mich zwei Jahre lang auf die Nordpolexpedition vorbereitet. Die meiste Zeit war ich in Paris, weit weg von den Bergen. Also bin ich um den See im Bois de Boulogne gejoggt und an drei Tagen pro Wochen zehn Kilometer im Parc Monceau gelaufen. So oft wie möglich war ich in den Tarn-Schluchten, wo ich den Pic Noire umrundet habe, den höchsten Punkt der „Schwarzen Berge". Diesen schönen, 25 Kilometer langen Waldweg in 1000 Metern Höhe habe ich in zwei Stunden geschafft. Das Ergebnis meines Konditiontests lag 30 Prozent über den Durchschnittswerten von Leuten meines Alters. Als Kältetraining habe ich vom Dezember an jeden Morgen kalt geduscht. Am Anfang ist es ein kleiner Schock, an den man sich schnell gewöhnt. Das ist zwar keine gezielte Akklimatisierung, aber eine gute Methode, den Körper zu desensibilisieren, damit ihm niedrige Temperaturen nicht mehr so viel ausmachen.

Das medizinische Forschungsprogramm, an dem ich teilnahm, bestand aus einer Arbeit über die Anpassung an Kälte. Die Frage lautete, ob sich bei einem längeren Aufenthalt bei Minusgraden eine spezielle Fähigkeit ausbildet, solche Temperaturen besser auszuhalten. Bevor ich nach Resolute Bay aufgebrochen bin, wurde ich medizinischen Tests unterzogen. Ich mußte mich zwei Stunden nackt hinlegen, ohne mich zu bewegen; die Zimmertemperatur betrug ein Grad und wurde durch einen leichten Luftzug von acht Metern pro Sekunde auf minus zehn Grad abgekühlt. Gemessen werden sollten Körpertemperatur und Sauerstoffverbrauch. Die beiden Werte sagten aus, wieviel Energie durch das Zittern, mit dem sich der Körper gegen die Kälte zu schützen versuchte, verbraucht wurde. Meine Widerstandskraft gegen die Kälte war bereits vor dem Aufbruch zum Pol sehr zufriedenstellend; das zerstreute auch etwas meine Bedenken, wie ich das Camping bei minus 50 Grad aushalten würde.

Nach meiner Rückkehr hielt ich den gleichen Test weit weniger gut aus. Die zwei Stunden in diesem eisigen Zimmer schienen mir, im Vergleich zum erstenmal, nicht enden zu wollen. Bei diesem zweiten Versuch zeigte sich der Arzt von Zeit zu Zeit hinter der Glaswand, die mich vom Raum mit den Meßgeräten trennte. An seinem Nicken und dem Augenzwinkern merkte ich, daß er mit meinen neuen Ergebnissen außerordentlich zufrieden war. Als seine Assistentin mich endlich befreite, spürte ich meine Füße nicht mehr – ihre Temperatur war auf zehn Grad gefallen. Mein Körper wurde von Krämpfen geschüttelt.

„Es ist phantastisch!" sagte sie. „Sehr zufriedenstellend!"

Dann kam der Arzt mit einem Computerausdruck voller Zahlenkolonnen. „Sie haben ein wärmeregulierendes Verhalten wie ein primitiver Mensch", sagte er. „Sie haben Ihre Körpertemperatur auf 35,5 Grad fallen lassen, bevor Sie reagiert haben; ein sparsames Verhalten. Das letzte Mal hat Ihr Körper von Anfang an darum gekämpft, seine Temperatur von 37 Grad zu halten. Das hat Sie sehr viel Energie gekostet.

Es ist das erste Mal, daß wir eine solche Beobachtung machen können. Wir werden die Ergebnisse veröffentlichen."

Zwei Monate allein in der ungastlichsten Gegend der Welt haben mich dem „primitiven Menschen" ähnlicher gemacht. Welch eine Erkenntnis!

Ernährung

Die Verpflegung für die Polexpedition habe ich mit Hilfe des Instituts für Ernährungsforschung zusammengestellt. Dann habe ich den jungen Unternehmer Jean-Luc Allemand kennengelernt, der eine kleine Fabrik für dehydrierte Nahrung leitet. Wir waren uns auf Anhieb sympathisch, und er übernahm die Herstellung der Gerichte, die wir ausgesucht hatten.

Schließlich habe ich noch einen Vertrag mit einem Technischen Forschungsinstitut abgeschlossen, das zum Verteidigungsministerium gehört. Die Leute dort waren sehr an meiner Arbeit interessiert. So sind meine Polmenüs zur täglichen Ration von Militärs bei bestimmten Expeditionen geworden.

Meine Anfangsration betrug nicht mehr als ein Kilo, denn sie war für eine durchschnittliche Anstrengung berechnet. 50 bis 55 Prozent der Kalorienmenge bestand aus Kohlehydraten, 30 bis 35 Prozent aus Fetten und 10 bis 15 Prozent aus Proteinen. Meine tägliche Nahrungsaufnahme:

Frühstück: 100 g vorgekochter Weizengrieß, 50 g Vollmilchpulver, 75 g ölhaltige Trockenfrüchte, 50 g Schokolade, 40 g Butter, 40 g Zucker. Ich habe diese Ration in einem Liter kochendem Wasser aufgelöst.

Imbiß: Im Prinzip das gleiche, wahlweise 100 g Weizengrieß oder 100 g Müsli, zusätzlich etwas dehydriertes Obst.

Abendessen: Tütensuppe, gefriergetrockneter Hauptgang und Dessert. Die Hauptgänge waren unterschiedlich. Basis waren Fleisch oder Fisch (40 g gefriergetrocknet), ergänzt von Nudeln, Reis, Weizengrieß oder Kartoffelpüree (80 g pro Essen). Hier einige Beispiele: Boeuf Bourgignon mit Nudeln, Kabeljau mit Fenchelpüree, Languste, Lachs, Hühnchen mit Curryreis...

Unterwegs: Tagsüber anzuhalten und zu essen ist unmöglich, es ist zu kalt. Im Laufen habe ich Mandelkekse, Schokolade oder kleine Kuchen gegessen, die speziell für diese Expedition mit Olivenöl und Butter angereichert waren.

Getränke: Ich habe täglich mindestens vier oder fünf Liter Wasser getrunken, das ich aus geschmolzenem Schnee oder Eis gewinnen mußte. Jeweils ein Liter am Morgen beim Frühstück und am Abend auf Suppe und Hauptspeise aufgeteilt, und schließlich ein schwacher Tee oder Kaffee zum Frühstück und zum Imbiß. Es ist nicht leicht, mehr als einen Liter Flüssigkeit zu trinken, denn egal wie gut die Thermosflasche ist, kochendes Wasser ist innerhalb von vier, fünf Stunden kalt. Ich habe mir eine sehr leichte Thermoskanne bauen lassen (Flasche und Aluminium wiegen zusammen nur 150 g), die von einer Schicht aus Thinsulate und Polyethylen mit geschlossenen Luftzellen (Douffline) isoliert wird. Bei minus 40 Grad blieb das Wasser bis zum Mittag flüssig.

Vitamine: Ich habe täglich 1 g Vitamin C und eine Tablette Multivitamine eingenommen.

Energieverbrauch: Ich habe beim Start 65 Kilo gewogen, bei der Rückkehr waren es 58 – aber ich habe sicher 4 Kilo in den letzten Tagen verloren, die ich warten mußte. Nach einem Monat Marsch auf dem Packeis habe ich zusätzlich

40 g Butter und 50 g Schokolade täglich mehr angefordert. Meine durchschnittliche Tagesration hatte danach 4600 Kalorien.

Ausrüstung

Benzinkocher: der Firma MSR (USA). Sehr geringer Verbrauch, ein drittel Liter täglich, um vier bis fünf Liter kochendes Wasser aus Eis zu gewinnen.

Zelt: Kanuk (Kanada), ein Tunnelzelt, das sehr schnell aufgebaut werden kann und von drei Zeltbögen aus Carbonfaser getragen wird. Obwohl das Zelt sehr leicht ist (2700 g), hat es den Windböen mit Geschwindigkeiten von bis zu 100 km/h gut widerstanden.

Schlafsack: Lestra (Frankreich), zwei ineinanderliegende Schlafsäcke, mit Qualofil gefüllt, wasserundurchlässiger Bezug, damit das Kondenswasser die Füllung nicht durchfeuchtet und so den Schlafsack schwerer macht. Ich habe auf zwei Isoliermatten aus Polyurethan mit geschlossenen Luftzellen geschlafen: eine lag unter dem äußeren Schlafsack, die andere im Innenschlafsack, möglichst nah am Körper.

Kleidung: von Damart (Frankreich), Unterwäsche und Jacken aus klassischem Faserpelz aus Thermolactyl. Die gefütterte Hose und Jacke waren Prototypen aus sehr leichtem, wasserundurchlässigem Material mit Qualofil-Füllung. Windjacke aus Goretex von Millet (Frankreich).

Skier: Rossignol (Frankreich), Modell Telemark, selbsthaftende Felle von Colle-Text, Bindungen von Skyloom.

Schuhe: Lederschuhe von Savetier (Kanada), Innenschuhe aus Filz von Semely. Am Schluß habe ich Plastikschuhe von Koflach getragen. Außerdem hatte ich Super-Mouflons von Kanuk dabei. Das sind sehr warme und bequeme Stiefel, die ich im Zelt und beim Laufen im Camp anhatte.

Wollhandschuhe: von Edelrid und Emem (Pyrenäen, Frankreich).

Sonnenbrille und Schneemaske: Vuarnet, Pouilloux (Frankreich).

Funk: Für die Kommunikation mit dem Basiscamp habe ich ein Funkgerät der Marke Spilsbury SBX 11 A (Kanada) benützt mit vier vorgegebenen Frequenzen auf dem Fünf-Megahertz-Band. Es hatte eine Leistung von zehn Watt und minimale Abmessungen (25 auf 20 auf 8 cm). Es war sehr leicht (4 Kilo inklusive Batterien und Dipol-Antenne) und wurde von Lithiumbatterien gespeist. Ich habe täglich mit Resolute gesprochen, sogar am Anfang, bei minus 50 Grad und am Ende der Expedition, am Nordpol, über eine Distanz von 1500 Kilometern.

Schlitten: Für meinen ersten Versuch, den Nordpol zu erreichen, habe ich einen Schlitten in „Sandwichform" aus Nomex und Kevlar bauen lassen. Er war groß genug (2 Meter lang, 60 Zentimeter breit und 20 Zentimeter hoch), so daß ich mich darin verkriechen konnte, wenn zu heftiger Wind mich am Aufstellen des Zeltes hinderte. Er war auf zwei 8 Zentimeter breiten Kufen gelagert, die mit Polyethylen beschichtet waren. Der Schlitten wog 50 Kilo. Schon bald stellte sich heraus, daß die Spitze des Schlittens nicht genügend hochgebogen war und daß die Kufen zu stark auf der Piste hafteten und so jede Richtungsänderung unmöglich machten. Ich mußte den Schlitten jedesmal anheben, was sehr anstrengend war.

Diesmal habe ich einen von Yves Merget gebauten Schlitten benützt, der ausschließlich aus drei Schichten Kevlar bestand, die mit Epoxidharz untereinander verbunden waren. Längs- und querlaufende Stützstreben aus Carbonfaser gaben zusätzliche Stabilität. Der Boden war flach und leicht V-förmig, die Spitze war stark nach oben gebogen (bis zu 40 Zentimeter), hier war auch ein Zuggriff aus Eschenholz angebracht.

Die Maße: 2,20 Meter lang, 55 Zentimeter breit und 12 Zentimeter hoch, Gewicht nur 3 Kilo. Gezogen habe ich ihn mit Hilfe zweier Nylonschnüre, die an einem Gürtel an meiner Taille befestigt waren und über Kreuz unter die Nase des Schlittens führten, was den Schlitten besser manövrierbar machte. Ein hervorragendes Gefährt für dieses Terrain, das auch sehr gut die niedrigen Temperaturen (bis minus 52 Grad) ausgehalten hat. Ich habe zwei dieser Schlitten verschlissen, jeder hielt 500 Kilometer, oft unter extrem schweren Bedingungen, gebeutelt von starken Stößen, beladen mit 50 Kilo Gepäck.

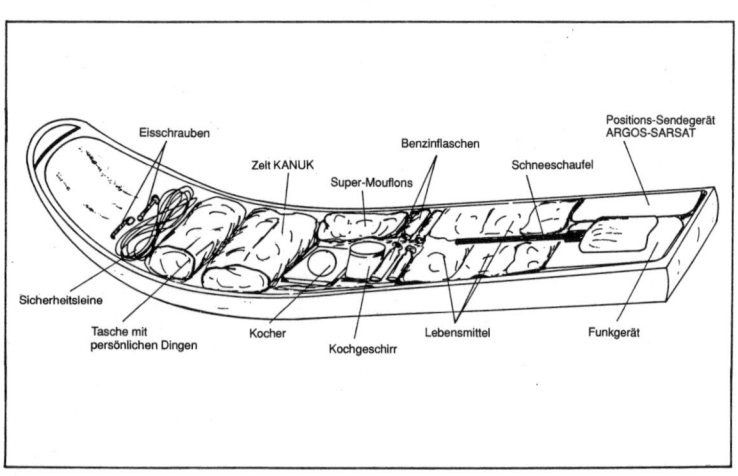

Positions-Sendegerät: Zur Positionsbestimmung hat das CNES (Nationales Institut für Weltraumforschung) den Prototyp eines Senders entworfen, der sowohl auf der Frequenz Argos als auch auf Sarsat funken konnte.

Er hatte sehr geringe Abmessungen und war außerordentlich leicht (1700 g mit Batterien). Er funktionierte auch bei niedrigsten Temperaturen und wurde von Lithiumbatterien betrieben. Das Argos-Funkfeuer dauerte täglich nur fünf Stunden. Meine Position bekam ich dann vom Basiscamp, wo Michel Franco mit Hilfe seines Computers die Daten der Argos-Rechner in Toulouse abfragte, an die er über eine Telefonleitung angeschlossen war.

Bei einem schweren Unfall hätte ich die Sarsat-Frequenz einstellen können. Bei beiden Testläufen, die wir unternommen haben, erfuhr Resolute Bay innerhalb von 20 Minuten nach Inbetriebnahme des Senders von meiner Notlage. Dieses Hilfssystem ist für jeden unentbehrlich. Der Sarsat-Sender ist auf seinen jeweiligen Benützer eingestellt. Wenn er bei einem Unfall eingeschaltet wird, gibt er nicht nur die exakte Position, sondern auch persönliche Daten des Verunglückten weiter. So können Hilfsmaßnahmen mit größtmöglicher Effektivität ergriffen werden.

Frühere erfolgreiche Nordpol-Expeditionen auf dem Landweg

PARRY, Will. Edw (GB), 23. Juli 1827, 82 Grad 45' N, Amphibienschlitten

MARKHAM, Albert (GB), 12. Mai 1876, 83 Grad 20' N, Schlitten, 16 Männer

LOCKWOOD (USA), 1882, 83 Grad 24' N, Schlitten

NANSEN, Fridtjof (Norwegen), 8. April 1896, 86 Grad 14' N, 3 Schlitten, 27 Hunde, 2 Männer

CAGNI, Umberto (Italien), 25. April 1900, 86 Grad 34' N, 6 Schlitten, 49 Hunde, 4 Männer

PEARG, Robert F. (USA), 20. April 1906, 86 Grad 06' N, 19 Schlitten, 120 Hunde, 27 Männer

COOK, Frederik A. (USA), 21. April 1908, Nordpol, 11 Schlitten, 105 Hunde, 11 Männer (wird angezweifelt)

PEARY, Robert E. (USA), 6. April 1909, Nordpol, 19 Schlitten, 133 Hunde

PLAISTED, Ralph (USA), 1968, Nordpol, 12 Skidoos, 12 Männer

HERBERT, Wally (GB), 5. April 1969, Nordpol, Hunde, 4 Männer

MONZINO, Guido (Italien), 19. Mai 1970, Nordpol, 300 Hunde, 19 Männer

IKEDA, Kaneshige (Japan), 28. April 1978, Nordpol, Hunde, 4 Männer

UMURA, Naomi (Japan), 29. April 1978, Nordpol, 14 Hunde, allein

SHIPARO, D. (UdSSR), 31. Mai 1979, Nordpol, Schlitten und Skier, 7 Männer

THORSETH, Ragnar (Norwegen), 29. April 1982, Nordpol, Skidoos, 4 Männer

FIENNES, Ranulph (GB), 11. April 1982, Nordpol, Pisten-
raupen, 3 Männer

KAUMA, Jussi (Finnland), 20. Mai 1984, Nordpol, Schlitten und Skier, 6 Männer

STEGER, Will (USA), 2. Mai 1986, Nordpol, Schlitten,
Hunde, 7 Männer, 1 Frau

ETIENNE, Jean-Louis (Frankreich), 11. Mai 1986, Nordpol,
Schlitten und Ski, allein

ALLE TITEL DER REIHE
REISEN · MENSCHEN · ABENTEUER

WEITERE TITEL ZUM THEMA EUROPA/ASIEN

Felix Heidenreich
Mit Skiern durch das weiße Lappland
Eine Tour durch das winterliche Nordschweden
176 Seiten, 23 s/w Fotos, 2 Karten,
Reisetips, Paperback DM 15,80
ISBN 3-89405-050-0

Europa zu Fuß
15 ausgewählte Wanderwege
246 Seiten, 30 s/w Fotos, 15 Farbfotos,
16 Karten, Reisetips
Paperback DM 10,–
ISBN 3-89405-055-1

Christoph Thoma
Gute Tage unter dem Halbmond
Durch die Türkei bis zum Bibelberg Ararat.
224 Seiten, 39 s/w Fotos, 1 Karte,
Reisetips, Paperback DM 15,80
ISBN 3-89405-034-9

Herbert Lindenberg
Mit dem Fahrrad in die Türkei
6000 km von Polen bis Kurdistan
224 Seiten, 43 s/w Fotos, 2 Karten,
Reisetips, Paperback DM 17,80
ISBN 3-89405-052-7

Hjalte Tin/Nina Rasmussen
Perestroika mit dem Motorrad
Vom Roten Platz zum Baikalsee
ca. 416 Seiten, 40 s/w Fotos,
10 Karten, Paperback DM 19,80
ISBN 3-89405-054-3

Christian E. Hannig
Island – Vulkane, Eis und Einsamkeit
Eine extreme Tour per Rad
176 Seiten, 30 s/w Fotos
5 Karten, Paperback DM 15,80
ISBN 3-89405-049-7

 REISEN · MENSCHEN · ABENTEUER

TITEL ZUM THEMA NORDAMERIKA

Hans-J. Aubert/Ulf-E. Müller
Panamericana
Zwei Jahre auf der Traumstraße der Welt
224 Seiten, 85 s/w Fotos, 4 Karten, Reisetips, DM 15,80
ISBN 3-89405-002-0

Wolf-Ulrich Cropp
Alaska-Fieber
287 Seiten, 78 s/w Fotos, 3 Karten, 2 Skizzen, Reisetips, DM 15,80
ISBN 3-89405-007-1

Konrad Gallei/Gabi Hermsdorf
Blockhaus-Leben
Ein Jahr in der Wildnis von Kanada
224 Seiten, 32 s/w Fotos, 2 Karten, Reisetips, DM 15,80
ISBN 3-89405-014-4

Thomas Jeier
Am Ende der Welt
Bei den Eskimos am Polarkreis
224 Seiten, 44 s/w Fotos, 2 Karten, Reisetips, DM 15,80
ISBN 3-89405-018-7

Peter Jenkins
Das andere Amerika
Zu Fuß durch die Vereinigten Staaten
288 Seiten, 58 s/w Fotos, 3 Karten, Reisetips, DM 15,80
ISBN 3-89405-019-5

Dieter Kreutzkamp
Mit dem Kanu durch Kanada
Auf den Spuren der Pelzhändler
ca. 224 Seiten, 35 s/w Fotos, 1 Karte, Reisetips, DM 15,80
ISBN 3-89405-045-4

Stephen Pern
Zu Fuß durch Nordamerika
Entlang der großen Wasserscheide von New Mexiko bis Kanada
ca. 320 Seiten, 40 s/w Fotos, 7 Karten, Reisetips, DM 17,80
ISBN 3-89405-046-2

Oluf Zierl
Highway-Melodie
Mit dem Motorrad 20 000 km quer durch die USA
256 Seiten, 78 s/w Fotos, 4 Karten, Reisetips, DM 15,80
ISBN 3-89405-037-3

 REISEN · MENSCHEN · ABENTEUER

WEITERE TITEL ZUM THEMA SÜDOSTASIEN

Christina Dodwell
Im Land der Paradiesvögel
Mit Pferd und Einbaum durch
Papua-Neuguinea
256 Seiten, 32 s/w Fotos, 3 Karten,
Reisetips, DM 15,80
ISBN 3-89405-010-1

Helmut Hermann
Von Thailand nach Tahiti
Ein Globetrotter auf dem Weg
zur Südsee
240 Seiten, 88 s/w Fotos, 4 Karten,
Reisetips, DM 15,80
ISBN 3-89405-015-2

Dieter Kühnel
Motorrad-Odyssee
Von Burma durch die Inselwelt
Südostasiens
224 Seiten, 37 s/w Fotos, 1 Karte,
Reisetips, DM 15,80
ISBN 3-89405-023-3

Ulrich Look
Wo der Mond auf dem
Rücken liegt
Auf eigene Faust von Nepal bis
Malaysia
224 Seiten, 29 s/w Fotos, 2 Karten,
Reisetips, DM 15,80
ISBN 3-89405-038-1

Michael Möbius/Annette Ster
Dschunke, Jeep und
Bambusfloß
Durch Burma und Thailand
224 Seiten, 38 s/w Fotos, 2 Karten,
Reisetips, DM 15,80
ISBN 3-89405-025-X

Michael Möbius/Annette Ster
Inselträume in Indonesien
Die Sunda-Inseln – Wo die
Vergangenheit noch lebt
224 Seiten, 39 s/w Fotos, 2 Karten,
Reisetips, DM 15,80
ISBN 3-89405-039-X

Axel Thorer
Endstation im Dschungel
Auf der Suche nach
Flugzeugwracks in Papua-
Neuguinea
224 Seiten, 35 s/w Fotos, 2 Karten,
Reisetips, DM 15,80
ISBN 3-89405-032-2

Hjalte Tin/Nina Rasmussen
Motorradtour Singapur –
Australien
2 Motorräder, 2 Kinder,
2 Erwachsene
320 Seiten, 35 s/w Fotos, 1 Karte,
Reisetips, DM 17,80
ISBN 3-89405-043-8

Denis Walls/Stella Martin
Drei Jahre in einem Kampong
in Malaysia
Unser Leben in einem
exotischen Dorf
256 Seiten, 41 s/w Fotos,
10 Zeichnungen, 1 Karte, Reisetips,
DM 17,80
ISBN 3-89405-036-5

 REISEN · MENSCHEN · ABENTEUER